LIFE

HACKS

Mach dein Leben einfacher

Die besten Tricks für Haushalt, Reisen, Heimwerken, Kochen, Nachhaltigkeit und vieles mehr in einem Buch

Bibliografische Information der Deutschen Nationalbibliothek.

Die Deutsche Nationalbibliothek verzeichnet diese Publikation in der Deutschen Nationalbibliografie; detaillierte bibliografische Daten sind im Internet über http://dnb.dnb.de abrufbar.

Für Fragen und Anregungen:
info@eulogiaverlag.de

ISBN Print: 978-3-96967-233-4
ISBN E-Book: 978-3-96967-234-1

Originale Erstausgabe 2022
© by Eulogia Verlags GmbH
Eulogia Verlags GmbH
Gänsemarkt 43
20354 Hamburg

Lektorat: Ramon Thorwirth
Satz und Layout: Tomasz Dębowski
Umschlaggestaltung: Aleksandar Petrović

LIFEHACKERIN

LIFE
HACKS

Mach dein Leben einfacher

EULOGIA
VERLAG

Inhaltverzeichnis

Vorwort

Hallo und herzlich willkommen bei der Lifehackerin.

Schön, dass du unser Buch in den Händen hältst oder auf deinem Screen geöffnet hast!

Wir sind Nadia & Ina, zwei Lifehack-Profis aus der Schweiz und verraten dir in diesem Buch unsere besten Tipps, Tricks und Hacks; egal ob's ums Putzen, Kochen oder Reisen geht – Alltagsprobleme erfordern manchmal ungewöhnliche, kreative Lösungen und genau diese gibt's hier.

Du fragst dich vielleicht, wie man zum Lifehack-Profi wird. Der kürzeste Weg ist wohl, dieses Buch zu lesen und die Tipps anzuwenden. Noch besser: Die Tipps direkt für dich so anpassen, dass sie genau auf deine individuelle Problemstellung passen. Den ersten Schritt hast du bereits getan, denn du liest ja gerade in diesem Buch.

Unser Wissen haben wir uns verschieden angeeignet. Erstens sind wir schon aufgewachsen mit dem Spruch: «Geht nicht, gibt's nicht.» Unsere Eltern hatten nämlich immer eine Lösung parat; unsere Väter sind echte „Daniel Düsentriebs" und haben das eine oder andere, und zwar nicht nur für uns, erfunden. Und unsere Mütter sind punkto Zeit-und-Familienmanagement schlicht unschlagbar.

Auch wir haben schon früh gerne vielerlei Sachen zweckentfremdet und können es bis heute nicht lassen, jegliche Dinge und ihren Gebrauch zu hinterfragen und umzunutzen.

Das perfekte Match aber gab es, als wir uns bei der Arbeit beim Schweizer Radio und Fernsehen SRF kennengelernt haben. Nadia hatte damals eine eigene Bastelsendung im Kinderprogramm.

Gebastelt wurde aus Recyclingmaterial. Diese und weitere gemeinsame Projekte haben die Basis gelegt, sodass wir 2015 die Lifehackerin ins Leben gerufen haben. Auf unserem gleichnamigen YouTube-Kanal veröffentlichen wir seither regelmäßig Lifehack-Videos. Also Tipps und Tricks für alle Lebenslagen, „Was Oma noch wusste" oder „Trick 17"-Ideen. Nenn' es wie du magst. Inzwischen gibt's über 500 Videos von uns. Seit 2021 gibt es ergänzend einen Blog mit den schriftlichen Anleitungen und Bildmaterial. Und nun, als nächster großer Meilenstein, durften wir im Eulogia Verlag dieses Buch herausbringen.

Das Buch ist thematisch in 7 Kapitel mit Unterkapiteln aufgeteilt. Du kannst spontan darin herumblättern, es von vorne bis hinten durchlesen oder gezielt interessante und für dich relevante Themen herauspicken.

Wir sind sehr interessiert von dir zu lesen, wie dir das Buch gefällt. Was ist für dich besonders hilfreich, was vermisst du im Buch? Wir freuen uns über Anregungen, Feedback oder Lob z. B. direkt auf unserem Blog www.lifehackerin.com

Und nun wünschen wir eine anregende Lektüre, den einen oder anderen „Aha-Moment" und hoffentlich ganz viel Lust, die Lifehacks selbst umzusetzen.

Nadia & Ina

1 ESSEN UND TRINKEN

DIE WICHTIGSTE KATEGORIE GLEICH ZU BEGINN. WIR LIEBEN GUTES ESSEN SOWIE LECKERE GETRÄNKE – UND STEHEN DAFÜR AUCH GERNE IN DER KÜCHE. WIR MÖGEN ES ABER AUCH HIER UNKOMPLIZIERT. WARUM UMSTÄND-LICH, WENN ES EINFACH GEHT? UNSERE LIFEHACKS FÜR DIE KÜCHE ERLEICH-TERN DIR DEN ALLTAG AB SOFORT HOFFENTLICH GENAU SO SEHR WIE UNS.

Früchte und Gemüse

Hat es dich auch schon überfordert, weil du eine Frucht oder ein Gemüse in der Hand hattest und nicht richtig wusstest, wie du es öffnen/ schälen solltest? Oder kaufst du gewisse Sorten schon gar nicht, weil du fürchtest, dass es in einem Desaster endet? Keine Panik, es gibt für jedes Problem die passende Lösung. Und so auch für jede Frucht und jedes Gemüse die passende Schnitttechnik.

Ananas möglichst sparsam schälen

- Ananas auf das Brett legen, Strunk und Boden abschneiden. So bekommst du zwei gerade Flächen und die Ananas lässt sich stabil aufstellen.
- Das Messer oben ansetzen und der Schale entlang nach unten schneiden.
- Anschließend das Messer leicht versetzt platzieren und die nächste Bahn runterschneiden. So rundherum weiter verfahren.
- Mit dem Messer kleine Kerben in die Ananas schneiden und damit die diagonal angeordneten Augen entfernen.
- Die geschälte Ananas in Scheiben schneiden – oder halbieren und vierteln.

- Der Mittelteil ist hart, den solltest du wegschneiden. Bei den Scheiben funktioniert das am besten mit einem Ausstecher oder einem Schnapsglas.
- Schneide nun die Ananas in Stücke, wie du sie magst und genieße diese herrliche Frucht.

Ananas ohne Messer öffnen

- Den Strunk mit einer einfachen Drehung wegreißen (oder alternativ abschneiden, aber ohne die Schale zu entfernen.)
- Schlag die Ananas einige Male mit dem Boden auf die Ablagefläche.
- Leg sie danach seitlich hin und rolle sie einige Male mit etwas Druck hin und her.

- Die Ananas ist nun weicher geworden, die einzelnen Früchte lassen sich besser voneinander lösen.
- Versuche mit den Fingern eine einzelne kleine Frucht aus der Ananas zu lösen.
- Falls es noch nicht funktioniert: Schneide mit einem kleinen Küchenmesser den obersten Früchtchen entlang nach. So kannst du eine Art «Deckel» abschneiden.
- Da es nun einen Anfang gibt, lassen sich die einzelnen Früchtchen rundherum – und von oben nach unten relativ einfach mit den Fingern aus der Ananas herausbrechen.
- Die Stückchen sind so bereits mundgerecht und du kannst sie genüsslich von der Schale abbeißen.

Die Ananas Hacks als Videos gibt's hier:

Granatapfel öffnen

- Schneide den Granatapfel vorsichtig mit einem Messer unterhalb des Strunks rundherum leicht ein. So kannst du den Deckel einfach wegbrechen.
- Dann entfernst du das weiße Mittelstück.
- Schneide die Schale von außen zwischen den einzelnen Kammern ein.

- Brich den Granatapfel vorsichtig in einzelne Kammern auf.
- Dreh die Frucht um, klopf mit einem Löffel auf die Rückseite und löse damit die einzelnen Kerne. Am besten machst du das über einer Schüssel.
- Alternativ kannst du die Kerne von Hand vorsichtig herauspulen. Allenfalls unter Wasser, damit austretende Flüssigkeit nicht die Kleider oder Unterlage besudelt.

Hier der Granatapfeltrick nochmals als Video:

Banane richtig schälen

Kann man Bananen falsch schälen? Nein, aber besser: Schäle eine Banane das nächste Mal nicht vom Stiel her, sondern drehe sie um und beginne bei der braunen Spitze. Das geht ganz einfach und es bleiben keine nervigen Fäden haften. So handhaben es übrigens auch die Affen. Und die müssen's ja wissen.

Bananenhalter bauen

Bananen halten länger, wenn man sie aufhängt. Aus einem Drahtkleiderbügel kannst du im Nu einen Halter formen:

- Dazu die untere Seite des Drahtkleiderbügels nach unten ziehen, so dass ein Rechteck entsteht.
- Die obere Hälfte nach oben biegen, die Seiten näher zusammendrücken und den Haken allenfalls in die passende Richtung drehen.
- Schon können die Bananen an den Halter gehängt werden.

Diese und weitere Bananenhacks haben wir in diesem Video für dich zusammengestellt:

Kirschen entkernen ohne Entkerner

Es braucht nicht für alles ein Spezialgerät. Essstäbchen und Haarnadel sind ein super Ersatz für einen Kirschenentkerner!

- Die Kirsche mit der Einbuchtung nach unten über eine leere Flasche legen und das Essstäbchen durch die Kirsche stoßen.

- Haarnadel am offenen Ende festhalten, Bogen in die Kirsche drücken und so den Stein herausholen.

Hier geht's zum passenden Video:

Wassermelone ohne kleckern

An heißen Sommertagen genießen wir gerne ein Stück erfrischende Wassermelone. Leider sind danach meist Finger und Gesicht ziemlich klebrig. Das muss nicht sein:

- Schneide den Melonenschnitz in Scheiben.
- Diese kannst du nun auf kleine Holzspieße (Eisstiele) stecken.
- So kannst du die Melone bequem genießen, ohne dass irgendetwas klebrig wird.

Diesen und weitere Melonen Hacks haben wir in diesem Video für dich:

Kokosnuss ohne Hammer öffnen

Dass man eine Kokosnuss mit einem Hammer öffnen kann, dürfte bekannt sein. Aber es geht auch mit einem großen Küchenmesser (nicht mit instabilen Messern hantieren, bei denen die Klinge sich vom Griff lösen könnte!):

- Dazu die Kokosnuss in die schwächere Hand nehmen und die Rückseite der Klinge wiederholt kräftig in die Mitte der Kokosnuss schlagen. Dazwischen die Kokosnuss leicht drehen, so dass die Schläge rund herum auf die Kokosnuss treffen.
- Übrigens: Damit sich die staubigen Fasern der Schale nicht mit dem Fruchtfleisch vermischen, kannst du vorher die Kokosnuss kurz nass machen.

Hier gibt's die passende Videoanleitung:

Walnuss öffnen ohne Nussknacker

Auch um Walnüsse zu öffnen, kann ein Messer helfen. Dazu die Spitze in die Naht drücken, leicht nach links und rechts drehen, bis die Schale aufbricht und die Nuss entfernt werden kann. Alternativ kannst du zwei Walnüsse in die Hand nehmen und gegeneinanderdrücken und sie so knacken.

Als dritte Möglichkeit könntest du auch einen Hammer verwenden. Die Naht der Nuss sollte waagrecht vor dir liegen, also nicht nach oben zeigen. Nun mit dem Hammer und dosierter Kraft einmal draufschlagen. So kannst du zwei unversehrte Nusshälften aus der Schale holen.

Die 3 Varianten im Video:

Avocado öffnen

Eine Avocado öffnest du am einfachsten, indem du sie mit einem Messer rundherum einschneidest und dann die beiden Hälften gegeneinander drehst.

Avocadokern entfernen

Den Kern entfernst du am einfachsten, indem du von außen mit beiden Daumen auf die Avocadohälfte Richtung Kern drückst. Dieser plumpst dann vorne einfach raus. Alternativ kannst du die Klinge eines Messers vorsichtig in den Kern drücken, dann das Messer etwas drehen und schon kannst du das Messer samt Kern hochziehen.

Avocado öffnen und entkernen zeigen wir dir hier:

Avocado schälen

Das Fruchtfleisch kannst du mit einem Löffel aus der halbierten Avocado schaben. Definitiv mehr Spaß macht es mit einem Wasserglas: Die Avocadohälfte dazu an die Kante des Wasserglases halten und nach unten ziehen. Schon hast du das Fruchtfleisch im Glas – und in der Hand die leere Schale. Dieser Trick funktioniert übrigens auch mit Früchten wie Mango oder Kiwi.

Den Videobeweis dazu gibt's hier:

Ist der Spargel frisch?

Das kannst du nebst dem optischen Eindruck mit dem Quietsch-Test ganz einfach erkennen. Dazu zwei Spargelstangen aneinander reiben. Wenn es quietscht, ist der Spargel frisch. So einfach kann's manchmal sein.

Wie bleibt Spargel länger frisch?

Den Spargel am besten in ein feuchtes Küchentuch wickeln und ihn ins Gemüsefach des Kühlschranks legen. So bleibt er problemlos 3 Tage frisch.

Unser Spargelvideo mit diesen und weiteren Tipps und Tricks gibt's hier:

Knoblauch schälen

Wenn sich die Schale nicht richtig abziehen lässt, hilft es, die Knoblauchzehe mit einem Messer etwas anzudrücken. So löst sich die Schale und lässt sich besser abziehen. Für die spaßigere Variante braucht es ein Marmeladenglas: Knoblauchzehe ins Glas geben, Deckel drauf und dann kräftig schütteln. Tatsächlich kannst du danach den Knoblauch komplett geschält aus dem Glas nehmen, da die Schale durch das Schütteln von allein abgefallen ist.

Hier der Videobeweis:

Paprika richtig aufschneiden

Eine Paprika lässt sich besonders schnell aufschneiden und von den Kernen befreien, indem du zuerst Boden und Deckel der Paprika abschneidest. Das Mittelstück einmal durchschneiden, aufklappen und den Mittelteil herausbrechen. Schon ist die Paprika von allen Kernen befreit und kann in Streifen oder Würfel geschnitten werden. Beim Deckel den Strunk von innen herausdrücken und den Rest wie gewünscht kleinschneiden.

Den Paprikatrick als Video gibt's hier:

Eier

Wir mögen Eier in allen Variationen. Dass Eier nicht nur lecker sind, sondern man bei der Zubereitung richtig viel Spaß haben kann und definitiv keine Panik schieben sollte, wenn z. B. das Eigelb aus Versehen in die gleiche Schüssel geplumpst ist wie das Eiweiß – das zeigen wir dir hier.

Ist das Ei frisch?

Das Ei in ein Glas mit kaltem Wasser geben. Bleibt es am Boden liegen, ist es frisch. Steht das Ei leicht schräg im Wasser, solltest du es baldmöglichst verzehren (zur Sicherheit gekocht). Falls es an der Oberfläche schwimmt, ist das Ei verdorben und somit ungenießbar.

Warum funktioniert das? Jedes Ei beinhaltet eine kleine Luftblase. Durch die poröse Schale verdunstet das Wasser im Ei-Dotter mit der Zeit. So entsteht ein Raum, der sich nach und nach mit Luft füllt. Das Ei wird also immer leichter.

Als Faustregel gilt: Ein Hühnerei ist ab Legedatum ca. 28 Tage haltbar. Im Kühlschrank kann es bis zwei Wochen länger frisch bleiben.

Eier trennen

Ist Eigelb und Eiweiß aus Versehen in der gleichen statt in 2 separaten Schüsseln gelandet, kann das Missgeschick mit einer Plastikflasche behoben werden. Diese zusammendrücken, die Öffnung vorsichtig an das Eigelb halten und die Luft langsam wieder in die Flasche lassen. So wird der Dotter aufgesaugt. Durch erneutes Zusammendrücken

kann dieser nun in die richtige Schüssel gedrückt werden.

Hartes Ei schälen

Ei in ein Marmeladenglas mit Wasser geben und verschließen. Anschließend einige Male kräftig schütteln, damit die Schale bricht. Das Ei wird dadurch fast komplett geschält und lässt sich so mühelos von der Schale trennen.

Blitzmayonnaise

- Gib 1 ganzes Ei, 200 ml Sonnenblumenöl, 1 TL Essig, ¼ TL Senf und ¼ TL Salz in ein hohes Gefäß.
- Setze den Stabmixer am Boden an und mixe für 30 Sekunden auf höchster Stufe.
- Dann langsam hochziehen und fertig ist die selbstgemachte Mayo.
- Mit Ketchup gemischt, hättest du bereits eine leckere Cocktailsauce.
- Du kannst deine Mayo aber auch mit Knoblauch, Kräutern und/oder anderen Gewürzen verfeinern.

Gekochtes Ei in Herzform

- Einen leeren Getränkekarton auswaschen.
- Ein Viereck ausschneiden und in der Mitte falten.
- Danach vier Kerben einschneiden.
- Das Ei wie gewohnt hart kochen und sofort schälen.

- Das Ei in den Karton klemmen, in die Mitte ein Essstäbchen drücken und mit zwei Gummibändern fixieren.
- Das Ei in dieser Konstruktion auskühlen lassen und in Scheiben schneiden.

Wolken-Eier

Die fesche und gesündere Alternative zu Spiegeleiern (weil ohne Zugabe von Fett):

- Eier trennen und die Eigelbe jeweils in einer Schalenhälfte beiseitestellen.
- Eiweiße steif schlagen und anschließend auf einem mit Backtrennpapier belegten Blech als Kleckse aufteilen.
- Mit einem Löffel jeweils in der Mitte eine kleine Mulde formen und in diese jeweils ein Eigelb hineingleiten lassen.
- Im vorgeheizten Ofen bei 180 Grad rund 6 Minuten backen.
- Zum Schluss würzen und sofort genießen.

Überraschendes aus dem Sandwichmaker

In einem Sandwichmaker kann man so viel mehr Speisen zubereiten als bloß Sandwiches. Er ist multifunktional – also auch zum Kochen und Backen einsetzbar. Einerseits kann man ihn so häufiger verwenden, denn – sind wir mal ehrlich – der steht die meiste Zeit einfach nur herum. Und andererseits spart man Zeit oder kann problemlos auch mal nur kleine Mengen zubereiten (z. B. Kuchen) und muss dazu nicht extra den Backofen aufheizen. Hier gibt's ein paar einfache, leckere Rezepte dazu.

Unsere Sandwichmaker-Ideen sind auch in Videoform abrufbar in diesen 2 Videos:

Spiegelei

Es muss nicht immer die Bratpfanne sein: Ein Spiegelei lässt sich auch im Sandwichmaker zubereiten:

- Dazu das Ei direkt in eine der 4 Vertiefungen des Sandwichmakers aufschlagen. Deckel schließen und rund 90 Sekunden braten.
- Auf der anderen Seite könnte gleichzeitig ein Stück Brot getoastet werden.

Pizza

- Ausgerollten Pizzateig in Quadrate schneiden.
- 2 Teigstücke in den Sandwichmaker legen und den Teig leicht in die Vertiefungen drücken.
- In jede Vertiefung etwas Tomatensauce geben und weitere Zutaten nach Wunsch hinzufügen.
- Mit einer zweiten Schicht Pizzateig bedecken.
- Sandwichmaker schließen und die Pizza backen.
- Die Pizzen brauchen ca. 10 Minuten (abhängig vom jeweiligen Gerät).
- Die gebackene Pizza aus dem Gerät nehmen und die Dreiecke auseinanderschneiden.

Tortilla Wraps

- In die Mitte der Tortillas etwas geriebenen Käse geben.
- Die Tortilla von vier Seiten zur Mitte hin einklappen, sodass ein kleines quadratisches Päckchen entsteht.
- Tortilla in den Sandwichmaker legen und Sandwichmaker schließen.
- Für ca. 5 Minuten brutzeln.

Blätterteigtaschen

- Blätterteig ausrollen und 4 Quadrate so zuschneiden, dass sie in den Sandwichmaker passen.
- 2 Teigstücke in den Sandwichmaker legen und den Teig leicht in die Vertiefungen drücken.
- In jede Vertiefung etwas Füllung geben, z. B. Apfelmus und Zimt oder Frischkäse und kleingeschnittene Tomaten.
- Mit einer zweiten Schicht Blätterteig bedecken.
- Sandwichmaker schließen und die Blätterteigtaschen ca. 7 Minuten backen.

Schweizer Kartoffel-Rösti

- Vorgekochte Pellkartoffeln schälen und mit einer groben Küchenreibe raffeln.
- Mit etwas Salz, Pfeffer und Rosmarin würzen und alles gut vermengen.
- Damit die Rösti später nicht am Sandwichmaker haften bleibt, diesen mit etwas Butter oder Öl bestreichen.
- Rösti in die Vertiefungen verteilen, Sandwichmaker schließen und warten.
- Nach rund 15–20 Minuten sind die Rösti schön goldgelb gebraten.

Kuchen

Aus einer kleinen Portion Rührkuchenteig kannst du im Sandwichmaker 4 kleine Minikuchen zubereiten.

- Eine passende Menge ergibt z. B. ein Teig aus 1 Ei, 25 g Zucker, 50 g Butter, etwas Zitronenabrieb, 50 g Mehl, ½ TL Backpulver.
- Teig in die 4 Vertiefungen des Sandwichmakers verteilen.
  Gerät schließen und den Kuchen rund 3–4 Minuten backen.

Saubere Sache

Dieser Trick ist so gut, weil er so einfach ist und ganz viel Zeit und Ärger erspart:

Du kennst es vermutlich: Wenn du Toastbrote mit Käse im Sandwichmaker zubereitest, läuft ein Teil des Käses aus den Broten heraus und verunreinigt das Gerät. Die Reinigung ist bisweilen mühsam – und eigentlich unnötig, denn du kannst zuvor ein Stück Backtrennpapier zwischen das Gerät und die Sandwiches legen. Der Käse läuft so auf das Backtrennpapier, der Sandwichmaker bleibt sauber. Der Käse lässt sich danach relativ einfach mit einem Messer vom Papier schaben und naschen, das Papier auch nochmals wiederverwenden für die nächsten Toasts. Von uns gibt's 100 Punkte für diesen Lifehack.

Überraschendes aus der Mikrowelle

Auch die Mikrowelle kann weit mehr als bloß Essensreste aufzuwärmen. Ähnlich wie beim Sandwichmaker auch mal nur kleine Portionen zubereiten und es spart Zeit gegenüber einer herkömmlichen Zubereitung im Backofen. Bei den Tassenrezepten gibt's danach auch weniger zum Abwaschen, denn die Tasse ist Koch- und Essgeschirr in einem.

Rührei

- 2 Eier in eine Tasse aufschlagen und verquirlen.
- Etwas Milch dazugeben sowie Salz und Pfeffer.
- Nach Belieben weitere Zutaten beifügen. (z. B. Zwiebeln, Paprika, Pilze, Käse, Schinken, Speck, ...)
- Alles umrühren und in der Tasse für rund 2 Minuten bei 800 Watt in der Mikrowelle zubereiten.

Tassenpizza

- 4 EL Mehl, ½ TL Backpulver und 1 Prise Salz in einer Tasse vermischen.
- 3 EL Milch und 1 EL Speiseöl beigeben und zu einem Teig vermengen.
- Den Pizzateig auf den Tassenboden drücken.
- Pizza mit Tomatensauce und Zutaten nach Wahl belegen.
- Zum Schluss Pizzakäse, etwas Salz und Pfeffer sowie Kräuter darüberstreuen.
- In der Mikrowelle 3 Minuten bei 800 Watt backen.

Schneller Schokokuchen

- Ein Ei in einer Tasse aufschlagen und verquirlen.
- 4 EL Nutella (oder anderen Schokohaselnussaufstrich) beigeben und gut miteinander vermischen.
- 2 Minuten bei hoher Leistung in der Mikrowelle backen.
- Der schnellste und einfachste Schokokuchen ist fertig.

Streuseltassenkuchen

- Aus Mehl, Zucker und Butter wenig Streusel vorbereiten und beiseitestellen.
- 3 EL Mehl, ½ EL Backpulver, 1 EL Zucker, 1 EL Butter und 2 EL Milch in einer Tasse zu einem Teig glattrühren.
- Kleingeschnittene Früchte (z. B. Zwetschgen oder Äpfel) darüber verteilen und optional etwas Zimt drüberstreuen.
- Streusel drüber geben und 3 Minuten bei hoher Leistung in der Mikrowelle backen.

Bananenbrot

- Eine Banane in einer Tasse zerdrücken.
- Ein Ei beigeben und gut vermischen.
- 5 EL Haferflocken hinzufügen. (Optional Zimt und Süßungsmittel wie Honig, Ahornsirup, Zucker o. Ä.)
- Bei 800 Watt in der Mikrowelle etwa 3–4 Minuten backen.

Wenn du keine Mikrowelle hast, kannst du die Rezepte auch im Backofen bei 180 Grad zubereiten. Die Backzeit verlängert sich dabei auf ca. 10–20 Minuten.

Die Tassenrezepte haben wir für dich auch in Videoform zusammengestellt:

Mikrowelle sauber halten

Beim Aufwärmen von Speisen einen Kaffeefilter über die Schale stülpen – und eventuelle Spritzer bleiben im Kaffeefilter statt an der Mikrowellenwand haften.

Wie du eine verschmutzte Mikrowelle wieder sauber kriegst – und zwar mit weniger Aufwand als gedacht, verraten wir dir im Kapitel «Haushalt» > «Reinigen».

Clevere Küchenhacks

Mal ungewöhnlich, mal super einfach oder schlichtweg genial: Mit diesen Tricks erleichtern wir dir den Alltag in der Küche, bewahren dich vielleicht mal vor einem leeren Teller oder ersparen dir mühsame Arbeitsschritte.

Schraubgläser problemlos öffnen

Wenn sich ein Deckel partout nicht öffnen lässt, gibt es ein paar simple, aber effektive Tipps:

- Mit einem Gummiband um den Deckel sorgt man für mehr Grip und rutscht weniger ab.
- Ein Schlag mit einem Kochlöffel auf den Boden des Glases kann ebenfalls helfen.
- Ein bewährtes Mittel ist, heißes Wasser über den Deckel laufen zu lassen.

- Was in der Regel immer hilft, ist mit einem Messer unter den Rand gehen und nach außen ziehen, bis es zischt.

Dadurch hat sich das Vakuum gelöst und der Deckel lässt sich problemlos öffnen.

Die Hacks nochmals als Video anschauen:

Schneiden mit Zahnseide

Mit Zahnseide lassen sich weiche Speisen wie z. B. Mozzarella sehr gut schneiden:

- Dazu ein Stück unter den Käse legen und auf beiden Seiten nach oben ziehen.
- Über dem Käse kreuzen und zusammenziehen – und schon hast du eine perfekt abgeschnittene Scheibe vor dir liegen.

Hier gibt's den Videobeweis:

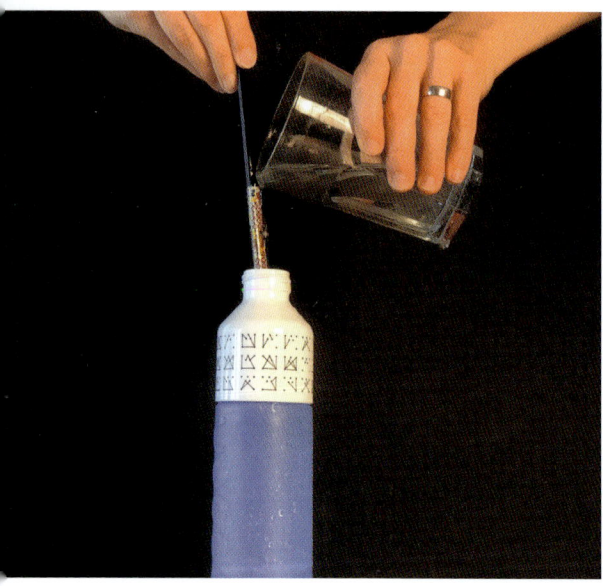

Flüssigkeit umfüllen ohne Trichter

Wenn du eine Flüssigkeit in eine Flasche abfüllen möchtest, aber keinen Trichter zur Hand hast, kannst du ein Essstäbchen zur Hilfe nehmen:

Dieses in die Öffnung halten und die Flüssigkeit daran in die Flasche gießen. So kleckerst du viel weniger.

Diesen und weitere Zweckentfremdungstricks gibt's in diesem Video:

Weinflasche öffnen ohne Korkenzieher

Wie ärgerlich, du hast ein Picknick im Wald organisiert, eine Flasche Wein dabei, aber den Korkenzieher zu Hause vergessen? Zur Not tut's auch ein Schuh. Die Flasche in den Schuh stecken und damit einige Male kräftig gegen eine Wand (oder einen Baum) schlagen. Damit wird der Korken Stück für Stück aus der Flasche gedrückt. Unbedingt rechtzeitig mit dem Schlagen aufhören und den Korken von Hand herausnehmen – sonst passiert dir das Gleiche wie uns hier im Video:

Streichwurst richtig aufschneiden

Damit Mettwurst, Leberwurst etc. auch nach der Hälfte noch ansehnlich aussehen und nicht alte Reste an der Innenseite der Schale kleben bleiben, solltest du die Wurst auf einer Seite aufschneiden und dann das andere Ende immer in dieselbe Richtung drehen, so dass sich dieses verzwirbelt und vorne die Wurst rausgedrückt wird. Auf diese Art kannst du die gewünschte Menge rausdrehen und sauber abschneiden.

Die beiden Wursttricks plus Zusatztrick zur Schweizer Nationalwurst Cervelat (ähnlich wie Bockwurst) gibt's in diesem Video:

Salami pellen

Es sind die Kleinigkeiten, die im Alltag manchmal den (letzten) Nerv rauben – z. B. die Pelle von einer Trockenwurst oder Salami entfernen. Dabei kann's so einfach sein: Ein Stück Haushaltspapier befeuchten und damit die Wurst einwickeln. Papier gleich wieder entfernen – und schon lässt sich die Wurst bequem und einfach pellen.

Saft ausgießen ohne kleckern

Wenn du die Getränkepackung so hältst, dass die Öffnung nach oben zeigt, fließt der Saft beim Ausgießen gleichmäßig ins Glas. Denn so kann gleichzeitig auch Luft in die Packung strömen und es spritzt nicht.

Ravioli aus dem Eiswürfelbehälter

Für perfekte Ravioli brauchst du keine speziellen Formen – ein Eiswürfelbehälter tut's auch:

- Den Teig etwas größer als die Form zuschneiden und auf die bemehlte Form legen.
- Mit den Fingern den Teig in die einzelnen Vertiefungen drücken.
- 1 TL einer beliebigen Füllung in jede Mulde geben.
- Ränder mit Wasser bepinseln und mit einer zweiten Teigschicht zudecken.
- Alle Ränder und Zwischenverbindungen gut andrücken.
- Form drehen und die Ravioli aus der Form nehmen.
- Die einzelnen Ravioli auseinanderschneiden.
- Ravioli wie gewohnt in Salzwasser kochen.

Unser Rezeptvideo mit Spinat-Ricotta-Füllung gibt's hier:

Zuckerstick clever öffnen

Wie öffnest du Zuckersticks? Das eine Ende abreißen und dabei den halben Inhalt auf dem Tisch verstreuen? Hast du es schonmal in der Mitte probiert, direkt über dem Kaffee? So bist du treffsicherer und verschüttest weniger Zucker.

Weitere interessante Alltagsdinge, die wir klassischerweise oft «falsch» machen, gibt's hier:

Brot wieder knusprig und weich machen

Altes Brot kannst du wieder frisch machen, indem du es rundherum mit Wasser benetzt und ca. 10 Minuten bei 220 Grad in den Backofen gibst. Das Brot ist anschließend außen schön knusprig und innen wieder weich. Nun sollte es allerdings rasch verzehrt werden.

Paniermehl aus Altbrot

Statt Altbrot wieder frisch zu machen, kannst du es auch zu Paniermehl verarbeiten:

Dazu das Brot in Scheiben oder Würfel schneiden und über mehrere Tage vollständig trocknen lassen. Das trockene Brot nun zerkleinern: Dafür z. B. in ein Küchentuch packen und mit einem Fleischhammer das Brot zerkrümeln.

Brot schneiden

Wenn du das Brot umdrehst zum Schneiden (Boden nach oben), bröselt die Kruste viel weniger ab.

Diese und weitere Tipps und Tricks rund um Brot gibt's in diesem Video:

Blitz-Eis

Ein selbstgemachtes Eis in nur 5 Minuten? Das geht:

- Dazu die Zutaten (Milch und gezuckerte Kondensmilch oder Fruchtsaft) in einen Gefrierbeutel geben und komplett verschließen.
- In einen größeren Beutel Eiswürfel geben sowie eine ordentliche Menge Salz.
- Den Beutel mit den Zutaten in den Beutel mit dem Eis geben, verschließen und für 2 Minuten kräftig schütteln.
- Schon ist das Eis genussbereit.

Eis aus nur einer Zutat (Bananen Nicecream, vegan)

Hast du ab und an (zu) reife Bananen?

- Schäle die Banane, schneide sie in Stücke und friere sie ein.
- Wenn du Lust auf Eis hast, nimmst du eine Portion aus dem Kühler und pürierst die gefrorenen Fruchtstücke.
- Schon hast du ein leckeres, veganes Eis.

Video zu den beiden Eisvarianten:

Eiskaffee selbst machen

Damit dein Eiskaffee einen intensiven Kaffeegeschmack hat und nicht verwässert, verwende statt Eiswürfel – Kaffeewürfel:

- Dazu frierst du einfach Kaffee in einer Eiswürfelform ein.
- Nach Belieben kannst du den Kaffee auch bereits mit Zucker süßen.
- Oder mit Zimtpulver, Schokoladensauce etc. einen Zusatzgeschmack verleihen.

Diese und weitere Kaffee-Ideen haben wir hier für dich:

Mousse au Chocolat aus nur 2 Zutaten

Ein leckeres Schokoladendessert ohne Ei – und schnell zubereitet:

- Dazu musst du bloß Schokolade schmelzen.
- 100 ml Sahne pro 100 g Schokolade aufschlagen und beides vorsichtig vermischen.

Direkt verzehren oder für mindestens 4 Stunden in den Kühlschrank stellen, um eine festere Konsistenz zu erhalten.

Hier geht's zur Videovariante mit Toblerone-Schokolade:

2 HAUSHALT

Reinigen

ZUGEGEBEN, PUTZEN IST NICHT GERADE UNSER LIEBSTES HOBBY. DESHALB SIND WIR FROH, WENN'S MÖGLICHST RASCH UND EFFEKTIV ERLEDIGT WERDEN KANN. AM BESTEN MIT MÖGLICHST WENIG EXTRAS AN UTENSILIEN UND MITTELCHEN. UNSERE BESTEN UND EFFIZIENTESTEN TIPPS GIBT'S HIER: ERSTENS: VERWENDE GUTE MIKROFASERTÜCHER – UND ZWEITENS: BACKPULVER. DANN KLAPPT'S MIT DER REINIGUNG SCHON FAST VON SELBST.

WC unter dem Rand reinigen

Unter den WC-Rand kommst du mit einer herkömmlichen Klobürste nur schlecht. Bevor du jetzt mühsam mit Schwamm oder Zahnbürste zu schrubben beginnst: Einfach etwas WC- oder Küchenpapier in Essigwasser tränken, zu einer Wurst formen und unter den Rand drücken. Über

Nacht einwirken lassen. Danach entfernen und das Papier im Haushaltsmüll entsorgen. Kurz schrubben, spülen, fertig.

WC von Flecken und Urinstein befreien I

Gegen hartnäckige Flecken und Urinstein kannst du ein Päckchen Backpulver in der Kloschüssel verteilen. Dann Cola oder Essig darüber leeren und am besten über Nacht einwirken lassen. Kurz schrubben, spülen und deine Kloschüssel glänzt wie neu.

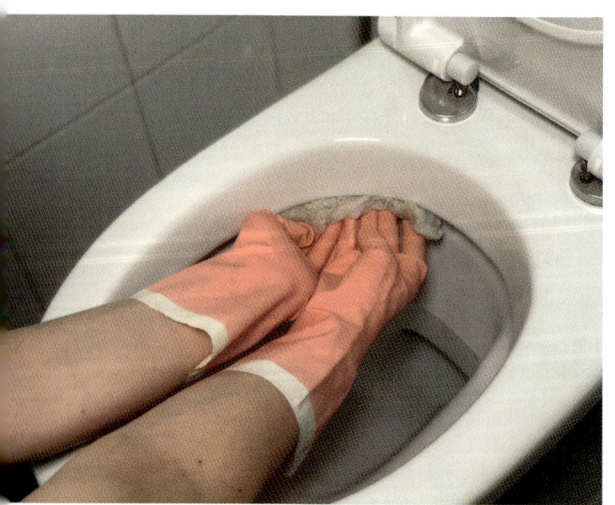

WC von Flecken und Urinstein befreien II

Gegen Flecken in der WC Schüssel helfen auch Gebissreiniger:

Einfach eine Tablette in die Schüssel geben (am besten auch gleich noch eine in den Spülkasten werfen), ein paar Stunden oder gleich über Nacht einwirken lassen und spülen. Falls du keine Gebissreiniger zur Hand hast, kannst du auch Wasch- oder Spülmaschinen-Tabs verwenden.

Fugen reinigen

Für strahlend weiße Fugen brauchst du keine teuren Produkte. Und erst recht keine aggressiven Chemikalien.

Ein Päckchen Backpulver mit etwas Wasser mischen und aufschäumen. Mit einer alten Zahnbürste auf die Fugen auftragen und leicht schrubben. Danach mit einem feuchten Tuch abwischen und die Fugen strahlen wieder weiß. Dieser Tipp eignet sich leider nicht für Silikonfugen; für diese empfehlen wir Wasser und etwas Spüli.

WC Tabs herstellen

WC-Tabs sind nicht nur praktisch, sondern auch effektiv. Aber, je nach Hersteller, auch mit unnötigen Zusätzen angereichert – oder schlicht teuer. Selbst herstellen geht ganz einfach:

Für 10 Tabs brauchst du 100 g Natron, 30 g Zitronensäure, 5 Tropfen ätherisches Öl und 1 TL Wasser. Alle Zutaten in einer Schüssel mischen, in einen Eiswürfelbehälter (oder in Silikonförmchen) abfüllen und mit einem Löffel oder dem Finger gut andrücken. Über Nacht trocknen lassen – und schon sind sie einsatzbereit.

100 ml Essig darüber gießen und schon schäumt es ordentlich. Mit einer Zahnbürste kannst du die letzten Reste ganz einfach wegschrubben. Mit reichlich Wasser spülen und staunen.

Kleine Teile unter dem Sofa hervorholen

Dein Ohrstecker ist rausgefallen und unter das Sofa gerollt? Kein Problem; das bekommst du sogar ohne mühsames Bücken wieder hin: Stülpe einen feinen Nylon-Strumpf über das Staubsauger-Rohr, befestige es mit einem Haar- oder Haushaltsgummi – und schon kannst du ihn aus seinem Versteck hervorsaugen.

Verstopfte Abflüsse reinigen

Wir haben beide lange Haare, da kommt es schon mal vor, dass der Abfluss in der Dusche verstopft ist.

Als Erstes solltest du die gröbsten Verschmutzungen von Hand entfernen. Danach hilft auch hier: Backpulver. Ein Päckchen in den Abfluss schütten, etwa

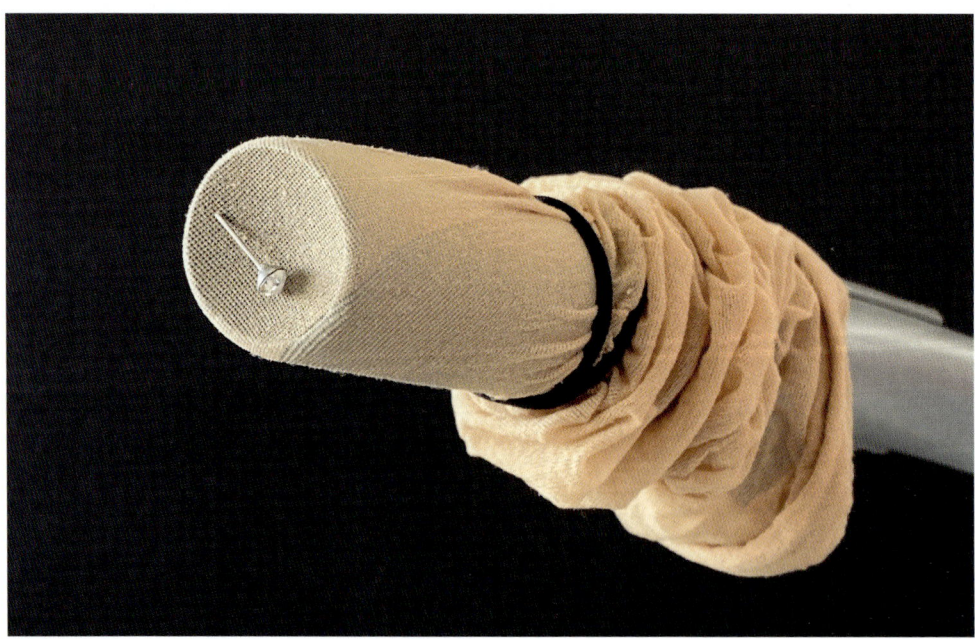

Antistatisches Staubtuch

Kaffeefilter sind wahre Alleskönner – und deshalb viel zu schade, um damit nur Kaffee zu kochen. Hast du gewusst, dass ein Kaffeefilter wunderbar als antistatisches Staubtuch dient? Ist preisgünstig und höchst effizient.

Weitere Ideen, was du mit Kaffeefiltern alles machen kannst, findest du unter dem QR-Code.

Mikrowelle reinigen

Wir haben zu Hause keine Mikrowelle. Aber im Atelier ist dieses Gerät zugegebenermaßen doch sehr praktisch. Und vor allem pflegeleicht. Sogar bei hartnäckigem Schmutz musst du nicht stundenlang schrubben. Gib für die Reinigung einfach etwas Wasser in eine Tasse, einen Schuss Essig sowie den Saft einer halben Zitrone. Die ausgepresste Zitrone kannst du auch gleich noch dazugeben – so riecht die Mikrowelle zitronig-frisch! Die Tasse in die Mikrowelle stellen und für fünf Minuten auf höchster Stufe laufen lassen.

Mit einem feuchten Tuch abreiben und gut trocknen lassen.

Backofen reinigen

Backöfen kann man zwar mit Sprays reinigen. Diese sind oft leider ziemlich teuer. Du ahnst es, oder? Klar, auch hier hilft Backpulver. Zuerst solltest du alle beweglichen Teile im Backofen entfernen (Grillrosthalter etc.). Dann ein Päckchen Backpulver mit Wasser mischen und von Hand im ganzen Ofen großzügig verteilen. Am besten lässt du es über Nacht einwirken. Zum Schluss mit einem feuchten Lappen sauber abwischen und gut trocknen lassen.

Angebrannte Töpfe reinigen

Wir haben aus Versehen mal den Dampfkochtopf samt Inhalt – aber ohne Wasser – auf die heiße Herdplatte gestellt.
Und ja, das Gemüse war nach wenigen
Minuten komplett verkohlt. Wir haben
geschrubbt und diverse Mittel verwendet, um den Topf zu retten. Keine Chance.
Bis wir es mit Backpulver versucht hatten.
Deshalb unser Rat:

- Topfboden mit Wasser bedecken, Backpulver dazu geben und kurz aufkochen.
- Danach kannst du den Topf mit etwas
  Spüli und einem Schwamm gründlich
  reinigen.

Unser Dampfkochtopf sieht jedenfalls
wieder fast wie neu aus.

Eingebrannte Herdplatte reinigen

Bei uns daheim gab es früher einen soge-
nannten «Milchklopfer», eine Art Glas-
platte, die man in den Topf legt, wenn
man z. B. Milch erhitzt. Sobald sie heiß
wird, bewegt sich (klopft) die Glasplat-
te und man kann den Topf vom Herd
nehmen.

Falls die kochende Milch doch mal
überschwappt: Ruhe bewahren. Erstmal
mit Küchenpapier die Flüssigkeit aufsau-
gen. Danach ein Päckchen Backpulver
mit etwas Wasser vermischen und auf
die eingebrannten Stellen verteilen. 30
Minuten einwirken lassen. Zum Schluss
mit einem feuchten Lappen abwischen.

Edelstahl natürlich zum Glänzen bringen

Statt teurer Edelstahlreiniger kannst du nach dem Kartoffelschälen die rohen Schalen gleich zum Reinigen deiner Edelstahlflächen in der Küche verwenden:

Mit der Innenseite die Fläche einreiben und etwa fünf Minuten einwirken lassen. Mit einem feuchten Lappen abwischen und mit einem Tuch polieren.

Damit verschwinden selbst hartnäckige Kalkflecken und dein Edelstahl glänzt wie neu.

Fenster clever putzen

Schlieren beim Fensterreinigen sind echt frustrierend. Vor allem, wenn man nicht genau weiß, ob sie auf der Innen- oder Außenfläche sind. Damit du dies auf den ersten Blick erkennen kannst, bearbeite mit dem Gummi-Abzieher die Innenflächen von oben nach unten – und die Außenflächen von rechts nach links (oder umgekehrt).

Weitere clevere Tipps zum Fensterreinigen findest du in diesem Video.

Lamellen reinigen

Lamellen kannst du auf beiden Seiten gleichzeitig reinigen und sparst damit wertvolle Zeit: Schnapp dir zwei Putzschwämme, schneide jeweils einen Schlitz ein und steck sie so auf eine Grillzange.

Hier findest du 9 weitere großartige Lifehacks mit Putzschwämmen:

Kaffeemühle reinigen

Falls du auch noch so eine Oldschool-Kaffeemühle besitzt, kennst du das Problem: Sie ist nicht so einfach zu reinigen. Denn die Messerklingen sind definitiv scharf: Schneide etwas altes Brot in kleinere Würfel und mahle diese.
So wirst du Kaffeegeruch und -fett in einem los.

Rost entfernen

Bei uns sind vor allem die Steakmesser anfällig: Flugrost. Kein Grund zur Panik, denn mit zwei Mitteln bist du sie im Nu wieder los. Zerknülle etwas Alufolie und tauche sie in Cola. Damit kannst du die Messer (oder andere rostige Metalle) polieren. Und wie von Zauberhand sind die Rostflecken verschwunden.

Den Beweis findest du in diesem Video:

Schneidebretter von Zwiebelgerüchen befreien

Egal ob Holz- oder Kunststoffbrett: Gewisse Gerüche wie z. B. von Zwiebeln, Fisch oder Knoblauch lassen sich nach dem Schneiden nicht so einfach entfernen.

Wasche daher das Brett zuerst wie gewohnt. Danach kannst du etwas Meersalz darüber verteilen und es mit einer halben Zitrone einreiben. Kurz einwirken lassen, nochmals mit Wasser spülen und das Schneidebrett ist bereit für den nächsten Einsatz.

Etiketten von Gläsern entfernen

Je nachdem, auf welcher Basis ein Kleber hergestellt wurde, gibt es unterschiedliche Methoden, die Etiketten zu entfernen:

- Vorratsgläser für Essiggurken, Marmelade etc. kannst du in heißem Wasser einweichen – und schon lassen sich die Etiketten mühelos abziehen.
- Kleber z. B. auf Deko-Gegenständen kannst du mit einem Föhn erhitzen und mit Küchenpapier abwischen.
- Für die dritte Methode brauchst du etwas (Speise-)Öl. Mit einem Küchenpapier wenig Öl auf die Etiketten auftragen und dann so vorsichtig wegrubbeln. Das braucht etwas Geduld, funktioniert aber wunderbar.

Weitere Möglichkeiten und ausführliche Infos findest du in diesem Video:

Kerzenwachs entfernen

Das Kerzenwachs mit einem Föhn wieder verflüssigen und mit einem Küchenpapier wegwischen. Das funktioniert wunderbar auf allen harten, glatten Unterlagen.

Übrigens: Was du alles aus Kerzenwachsresten machen kannst, zeigen wir dir in diesem Video:

Glasvasen reinigen

Viele Glasvasen kann man im Geschirrspüler reinigen. Meist werden sie dadurch aber milchig oder fleckig. Deshalb raten wir, sie immer von Hand zu waschen. Die Innenseite brauchst du nicht mal zu schrubben. Fülle die Vase mit etwas Wasser, gib ein Päckchen Backpulver dazu und lass es mindestens eine Stunde (oder besser über Nacht) einwirken. Danach gründlich ausspülen.

Silber reinigen

Mit diesem Trick brauchst du keine Silberreinigungstücher, -pasten, -lösungen mehr!

Lege ein Stück Alufolie in ein flaches Gefäß, streue ordentlich Salz darüber und gieße es mit heißem Wasser auf. Nun kannst du deinen Silberschmuck dazugeben und etwa 10 Minuten einwirken lassen. Das Silber mit Wasser abspülen und mit einem weichen Tuch trockenreiben. Das angelaufene Silber glänzt danach wie neu.

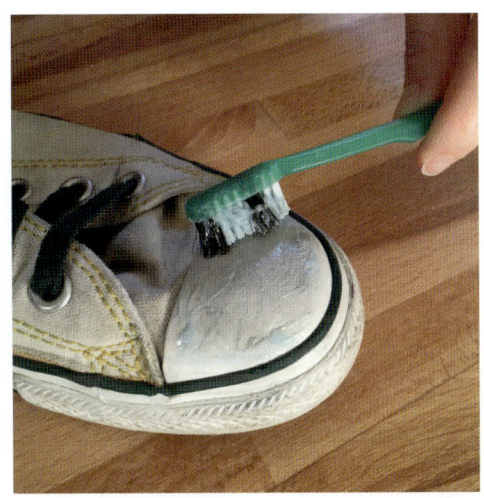

Rotweinflecken entfernen

Passiert schneller als gedacht: Rotwein-flecken auf Kleidung, Tischdecke oder Teppich. Der erste Tipp: Rasch handeln. Am besten etwas kohlensäurehaltiges Mineralwasser darüber gießen und mit Küchenpapier abtupfen – aber auf kei-nen Fall reiben. Wenn möglich, danach unverzüglich richtig waschen. Ansonsten könntest du auch ordentlich Salz darü-ber streuen und einwirken lassen. Nach ein paar Minuten vorsichtig abklopfen – und falls es den Teppich betrifft, einfach mit dem Staubsauger das Salz entfernen. Wieder mit Mineralwasser behandeln. Je nach Größe des Flecks oder Stoffart, musst du den Vorgang mehrmals wie-derholen.

Sneakers reinigen

Weiße Sneakers sind schick – aber nur solange sie auch weiß strahlen. Falls du bedenken hast, sie in der Waschma-schine zu waschen, kannst du zumin-dest die gummierten Stellen problem-los reinigen: Etwas Zahnpasta auftragen, mit einer alten Zahnbürste leicht schrub-ben und mit einem feuchten Tuch sau-ber wischen.

Kabel schön sortiert

(Noch) gibt es für jedes elektronische Gerät das entsprechende Kabel. Bei uns herrschte damit meist Chaos, denn alle sind einfach lose in einer Schublade gelandet. Dabei geht's so einfach: Du brauchst einen alten Karton, stelle leere Klopapierrollen hinein und schon kannst du deine Kabel fein säuberlich sortieren – und findest das richtige bei Bedarf sofort.

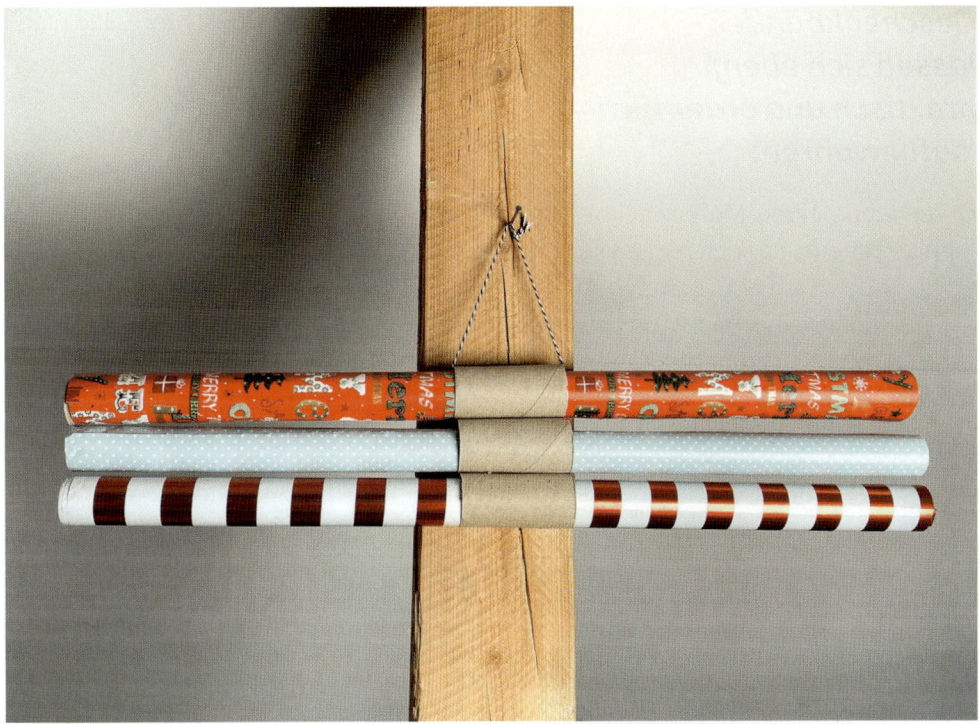

Geschenkpapier aufbewahren

Geschenkpapier für Weihnachten, diverse für Geburtstage, ein paar unifarbene und schon wird's schwierig, diese so aufzubewahren, dass sie nicht zerknüllen oder gar reißen. Für perfekte Ordnung, die auch das Papier schont, haben wir drei Vorschläge:

- Schneide eine leere Klopapierrolle längs auf und steck das Papier durch (dünnere Geschenkpapierrollen kannst du auch direkt durch die Klorolle stecken).
- In einer Kleiderhülle verpackt, bleibt das Papier vor Staub verschont.
- Auch ein Zeitungshalter schafft Ordnung.

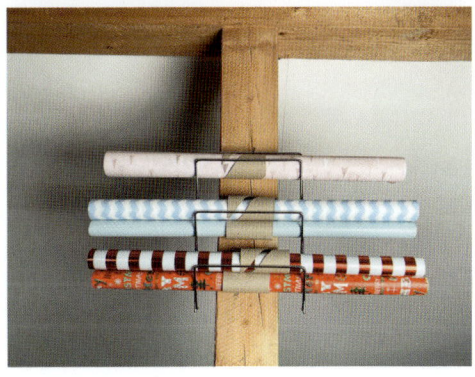

Geschenkbänder lassen sich ebenfalls praktisch und ordentlich aufbewahren:

- Verwende einen Mehrzweckbehälter mit Löchern: Bänder reinstellen und das Ende durch ein Loch ziehen.
- Oder nutze eine Pappschachtel und sortiere die Geschenkbänder nach Größe. Die Enden sollten nach außen zeigen. Diese kannst du über den Kartonrand legen. Deckel drauf, und schon kannst du bequem das entsprechen-de Band in gewünschter Länge abschneiden.
- Nimm einen Drahtkleiderbügel zur Hilfe: Auf der Seite mit einer Zange auftrennen. Die durchtrennten Enden zu Haken biegen. So kannst du die Geschenkbandrollen aufreihen, den Bügel verschließen und im Schrank oder an der Wand aufhängen.

Mehr Tipps dazu findest du in diesem Video:

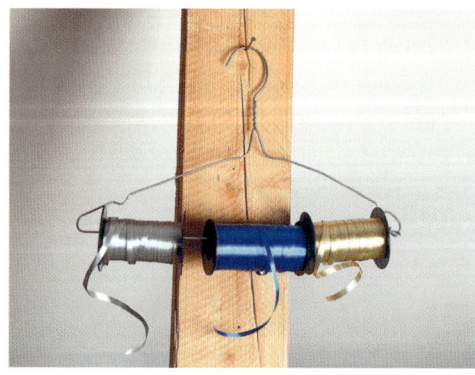

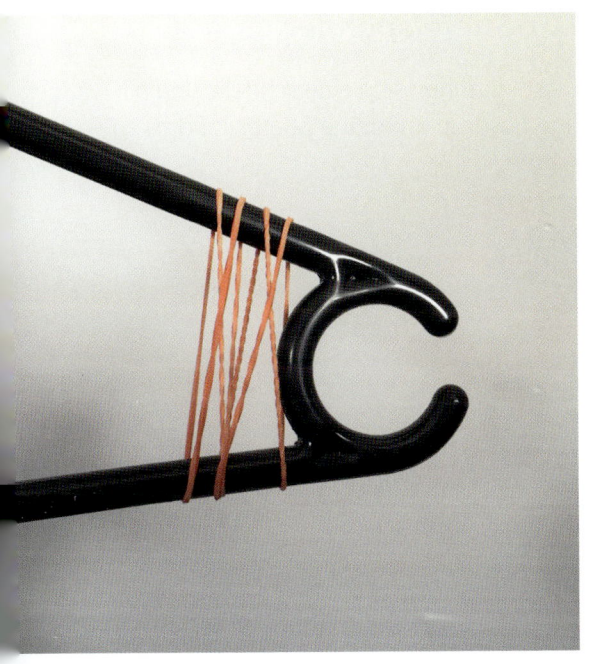

Rutschfeste Kleiderbügel

Vielleicht kennst du das: Die schöne, frisch gebügelte Bluse rutscht einfach vom Kleiderbügel. Natürlich gibt es spezielle Bügel auf dem Markt, welche dies verhindern. Aber schneller geht's so: Links und rechts am Bügel ein paar Gummibänder fixieren. Schon rutscht nichts mehr ab.

Falls du einen breiten Kleiderbügel verwendest, kannst du ein paar Tupfer Heißkleber auf der oberen Seite anbringen. Diese Noppen verhindern das Rutschen ebenfalls.

Diesen und 5 weitere Tipps mit Heißkleber findest du hier:

Einfacher Tütenverschluss

Weinkorken sind echte Alleskönner und sollten deshalb nicht vorschnell entsorgt werden.

Du möchtest zum Beispiel deine Chipstüte wieder verschließen? Kein Problem: Einfach ein dünnes, keilförmiges Stück aus dem Korken schneiden und schon hast du einen prima Verschluss.

Viele weitere Verwendungsmöglichkeiten für Weinkorken, z. B. als Kabelbinder, findest du in diesem Video:

DIY-Stiefelspanner

Plastikflaschen sind eine schnelle und billige Lösung, um deine Stiefel in Form zu halten.

Schmuck ordentlich aufbewahren:

Im Eiswürfelbehälter kannst du Ohr- und Fingerringe schön sortiert aufbewahren.

Ohrstecker paarweise aufbewahren:

Alte Knöpfe sind nicht nur praktisch dafür, sondern sehen auch noch hübsch aus.

Kochlöffelhalter

Hast du dich schon mal gefragt, wofür das Loch im Pfannenstiel ist? Klar, um die Pfanne oder den Topf bequem aufhängen zu können. Aber nicht nur: Du kannst auch den Kochlöffel hineinstecken. Saubere Sache, oder?

Kochbuchhalterung

Wer eine kleine Küche hat, kennt das Problem: Wohin mit dem Kochbuch, damit man das Rezept lesen kann – und das Buch dennoch sauber bleibt? Einfach an einen Kleiderbügel mit zwei Klammern aufhängen.

Deko

Wir mögen am liebsten Deko, die nicht nur gut aussieht, sondern auch einen praktischen Zweck erfüllt. Beim Ausmisten entdecken wir immer wieder allerlei Krimskrams, den man auch mal zweckentfremden kann.

DIY-Obstschale

Vielleicht findest du noch eine alte, zerkratzte Vinyl-Schallplatte? Wäre viel zu schade, diese einfach zu entsorgen. Du kannst sie z. B. in eine wunderbare Obstschale im Vintage-Look verwandeln:

Leg die Schallplatte auf ein (mit Backtrennpapier belegtes) Backblech und erwärme sie für ca. 4 Minuten bei 80 Grad im Backofen. Dann muss es schnell gehen: Platte mit Handschuhen aus dem Ofen nehmen und sofort über eine Schüssel legen. Kurz in die gewünschte Form biegen und schon ist die Schale einsatzbereit.

DIY-Cakestand

Verwende dafür bitte nicht das teure Porzellan der Großeltern – lieber eine alte Tasse und einen alten Teller, welche ihre Dienste bereits getan haben.

Tasse umdrehen, etwas Heiß- oder Sekundenkleber auf den Rand geben und den Teller so darauf fixieren.

Retro-Hängeleuchte (aus Einmachglas)

Diese Hängeleuchte im Retro-Look haben wir aus einem alten Einmachglas hergestellt.

Am Deckel kannst du einfach eine Lampenfassung anbringen, LED-Leuchte rein schrauben – und die Lampe aufhängen.

Zur Erleuchtung geht's da lang:

DIY-Glasglocke

Manchmal entstehen gute Ideen auch aus Missgeschicken – beim Abwasch ist nämlich mal der Stiel eines Weinglases abgebrochen. Seither besitzen wir zwar ein Weinglas weniger, sind dafür um Erfahrung und eine edle Glasglocke reicher.

- Für dieses DIY musst du aber nicht denselben Fehler begehen, sondern kannst den Stiel mit einer Metallfeile vorsichtig abtrennen. Benutze dafür unbedingt Handschuhe, denn die Kanten sind scharf.
- Etwas Heißkleber auf den Stiel geben und mit einer Kordel vorsichtig umwickeln.
- Am Schluss kannst du noch eine Schlaufe bilden.

Glasdeko (mit Schriftzug)

Mit Heißkleber den gewünschten Schriftzug auf eine Flasche auftragen, gut trocknen lassen und die Flasche mit Acrylfarbe
(oder Spray) färben.

Untersetzer/Pinnwand (aus Weinkorken)

Du brauchst dafür einen alten Bilderrahmen:

- Bild und Glas entfernen.
- Die Weinkorken mit etwas Heißkleber dicht nebeneinander auf den Bilderrahmen kleben.

DIY-Kühlschrankmagnete

Falls du noch eine alte Computertastatur findest, kannst du sie wunderbar für dieses DIY verwenden:

- Die Tastatur auseinanderschrauben.
- Auf der Rückseite jeder Taste einen kleinen Magneten mit Heißkleber anbringen und am Kühlschrank die Zettel damit festhalten.

Falls du keine Tastatur hast, kannst du auch Kronkorken verwenden:

- Wir haben sie mit gelbem Farbspray lackiert und darauf mit einem wasserfesten Stift Gesichter aufgemalt.
- Auf der Hinterseite wurden ebenfalls kleine Magnete mit Heißkleber angebracht.

Heimwerken

Batterie voll oder leer

Manchmal weiß man schlicht nicht, ob die Batterie noch voll oder bereits leer ist. Testen kannst du das so:

- Die Batterie aus 10–20 cm Höhe auf den Tisch fallen lassen.
- Springt die Batterie vom Boden (mehrfach) in die Höhe, ist sie leer.
- Springt sie nach dem Aufprall nur einmal kurz hoch oder kippt um, ist sie voll.
- Am besten eignet sich ein Vergleichstest: Mit einer garantiert vollen Batterie und einer zweiten (die zu testen ist) erkennt man die Sprunghöhen.

Dieser Lifehack funktioniert mit allen zylinderförmigen, nicht wiederaufladbaren Alkaline-Batterien – also die gängigen Typen AA und AAA.

Der Grund für diese Reaktion ist eine geleeartige Masse aus Zink im Inneren der Batterie. Diese Masse dämpft in vollem Ladezustand den Aufprall der Batterie ab. Bei einer leeren Batterie wird diese Masse jedoch fest und kann den Fall nicht mehr abfedern.

Ausgefranste Schraube lösen

Mit diesem Trick klappt das spielend leicht:

- Ein Gummiband über den Schraubkopf legen.
- Schraubenzieher auf dem Gummiband ansetzen.
- Nun greift dieser wieder und die Schraube kann dank der besseren Haftung problemlos rein- oder rausgedreht werden.

Nagel einschlagen

Damit du den Nagel auf den Kopf triffst, verwende am besten eine Wäscheklammer.

Klebebänder mit Büroklammer

Braucht man ein Klebeband, braucht man es meist sofort. Das mühselige Fummeln, um den Anfang zu finden, ersparst du dir mit einer Büroklammer.

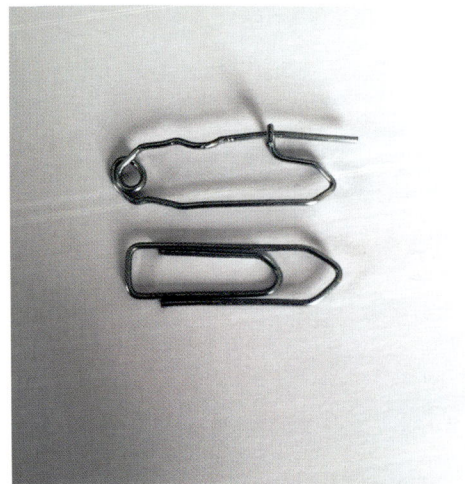

Aus Büroklammer eine Sicherheitsnadel formen

Nicht ganz einfach, aber superclever!

Probier's am besten selbst aus:

Farbdose ohne kleckern

Ein breites Gummiband über die Farb-dose spannen: So kannst du die Farbe am Pinsel gut abstreifen, ohne lästige Farb-spritzer zu hinterlassen.

Pinsel reinigen

Pinsel brauchen nicht viel, dafür aber die richtige Pflege:

- Nach Benutzung etwas Spüli auf eine Handfläche geben, den Pinsel in krei-senden Bewegungen darin reinigen.
- Immer wieder mit reichlich Wasser spülen, bis keine Farbe mehr vorhan-den ist.
- Zum Trocknen den Pinsel aufhängen; Haare/Borsten nach unten.
- Oder du kannst sie auf ein Küchen-papier oder Handtuch legen – und so trocknen lassen.

Schere schleifen

Scheren werden mit der Zeit stumpf. Kein Grund, diese aber gleich wegzuwerfen. So kannst du sie ganz einfach schleifen:

- Falte ein Stück Alufolie (ca. DIN A4) viermal zusammen.
- Schneide mit der Schere ein paar Mal durch die Folie (üblicherweise reichen etwa zehn Schnitte).
- Und schon ist deine Schere wieder einsatzbereit.

Rasierklinge schärfen

Verwende dafür lieber nicht deine Lieb-lingsjeans, du findest sicher noch ein paar alte, ausgediente.

- Die Rasierklinge sollte unbedingt tro-cken sein.
- Leg die Jeans auf einen Tisch.
- Schiebe den Rasierer ca. 10-mal entge-gen der Rasierrichtung über die Jeans.
- Dreh den Stoff um und wiederhole das Prozedere.
- So werden kleine Ablagerungen ent-fernt und die Messer geschärft.

Messer schleifen

Üblicherweise schärft man ein Messer mit einem Schleifstein, einem Wetzmesser o. Ä. Zur Not tut's aber auch eine umgedrehte Tasse:

- Der unglasierte Rand ist rau und dient als Schleifsteinersatz.
- Das Messer im 45 Grad Winkel ansetzen und beide Klingenseiten abwechselnd über die Fläche ziehen.

Schlüsselbrett und Schlüsselanhänger aus Lego

Nie wieder den Schlüsselbund suchen: Dank des Lego-Schlüsselanhängers und des Lego-Schlüsselbretts kannst du deine Schlüssel beim nächsten Mal gleich ordentlich aufhängen.

Pro Schlüsselbund einfach ein Loch in einen flachen Lego-Baustein bohren und mit einem Schlüsselring am Schlüsselbund befestigen.

Falls du mehr Legohacks möchtest, wirst du hier fündig:

Tennisball-Halter

Dieser witzige Halter hält, was er verspricht. Zum Beispiel deinen Schlüsselbund, einen Waschlappen, Briefe etc.

- Dafür musst du nur einen Schlitz in einen Tennisball schneiden und auf der Rückseite einen Saugnapf anbringen.
- Zum Leben erwecken kannst du ihn z. B. mit Wackelaugen, Stroh-Haaren oder was dir sonst noch so einfällt.

Die Schritt-für-Schritt-Anleitung gibt's hier zum Nachschauen:

3 GARTEN UND BALKON

WIR LEGEN GROSSEN WERT DARAUF, DASS WIR UNS DAHEIM WOHL FÜHLEN. ZU UNSEREM ZUHAUSE GEHÖRT AUCH EIN BALKON, AUF WELCHEM WIR BESONDERS IN DER WÄRMEREN JAHRESZEIT VIEL ZEIT VERBRINGEN. UNSER GRILL WIRD DANN ZUR OUTDOORKÜCHE UND IM EIGENEN MINIGARTEN WACHSEN FRISCHE KRÄUTER, SALAT, ETWAS GEMÜSE UND EIN PAAR FRÜCHTE. NATÜRLICH DARF AUCH ETWAS DEKO NICHT FEHLEN – AM LIEBSTEN SELBSTGEMACHTE.

Gartenpflege

Ein eigener Garten – das klingt nach viel Arbeit, viel Wissen und vor allem viel Platz, welchen man dazu braucht. Das dem nicht zwingend so ist, zeigen wir mit unseren Tricks. Denn auch auf einem kleinen Balkon, ja sogar auf einer Fensterbank, kann man sich einen kleinen Garten anlegen.

Kaffeesatz-Dünger

Kaffeesatz ist ein wunderbarer, natürlicher Dünger. Du kannst etwas davon unter die Erde mischen, bevor du aussähst oder einpflanzt. Bei bestehenden Pflanzen etwas Kaffeesatz um die Pflanze herum auf die Erde geben und vorsichtig untermischen.

Knoblauch gegen Läusebefall

Brennnesseln sind wohl das bekannteste Mittel gegen Läuse. Da dieser Sud aber streng riecht, bevorzugen wir Knoblauch. Der ist unserer Meinung nach mindestens so effektiv, riecht nicht so unangenehm und ist einfach und schnell in der Handhabung. Dazu einige Knoblauchzehen ungeschält in die Erde drücken, und zwar rund um die Pflanzen mit Läusebefall. Das Problem löst sich relativ rasch von selbst. Außerdem kann der Knoblauch keimen und du züchtest so gleich noch deinen eigenen Knoblauch. Ist das nicht großartig?

Garten auf kleinem Platz – der Pflanzenturm

Die Zauberformel bei engen Platzverhält-
nissen lautet: In die Höhe gärtnern. Eine
super Möglichkeit dies zu tun, ist einen
Pflanzenturm anzulegen. Dabei werden Tontöpfe in verschiedenen Größen
übereinandergestapelt und angepflanzt.
Damit die oberen Töpfe mit der Zeit nicht
einsinken, wird in die unteren Töpfe jeweils ein umgedrehter Topf gelegt. Damit
erhält der obere Topf ein Podest.

Unser ausführliches Gartenvideo inkl. Infos, welche
Pflanzen sich besonders mögen – und welche besser nicht nebeneinander gepflanzt werden sollten,
gibt's hier:

Gartendeko

Im Garten oder auf dem Balkon ist's mit ein bisschen Deko gleich noch gemütlicher. Die folgenden Ideen sind unkompliziert und einfach umsetzbar. Und das sogar ohne oder zumindest mit wenig Kosten.

Anti-Mücken-Windlicht

Damit schlagen wir 2 Fliegen auf einen Schlag: Das Windlicht sieht schön aus und hält uns erst noch die Mücken vom Leib, äußerst praktisch also.

Wir geben dafür Limetten- und Zitronenscheiben (wahlweise reicht auch nur eines von beidem) sowie Rosmarinzweige in ein hohes Glas. Mit Wasser auffüllen – und um die Wirkung zu verstärken – noch ein paar Tropfen Citronella, Zitrus- oder Eukalyptusöl. Eine Schwimmkerze vollendet diese Deko.

Wie du ein Anti-Mücken-Spray selbst machen kannst, verraten wir dir in Kapitel 7.

Eis-Licht selbst machen

Für diese Deko braucht es Temperaturen unter dem Gefrierpunkt.

Dazu zwei unterschiedlich große Plastikflaschen etwas unterhalb der Mitte durchschneiden und die kleinere Unterseite mit Tesafilm in die größere kleben, so dass rundherum etwa gleich viel Abstand ist. Die Mitte beschweren (z. B. mit Steinen). Den Raum zwischen den beiden Flaschen mit Wasser füllen. So über Nacht nach draußen stellen und gefrieren lassen. Anschließend Kleber und Beschwerung entfernen. Kurz unter warmes Wasser halten, damit du die Plastikflaschen vom Eis wegnehmen kannst. Das fertige Eis-Licht kommt wieder nach draußen. Ein Teelicht (noch besser LED) rein und das romantische Licht genießen.

Der coole Tipp in Videoform:

Für die nächsten DIY-Ideen braucht es verschiedene Aststücke, die du bei einem Waldspaziergang auf dem Boden finden kannst. Lasse sie zu Hause zuerst ein paar Tage trocknen, bevor du mit dem Basteln beginnst.

Teelicht aus Ästen

Dafür brauchst du ein leeres Marmeladen- oder Gurkenglas.

- Schneide die Aststücke so zu, dass sie alle mindestens den Glasrand überragen.
- Etwas Heißkleber auf ein Aststück geben und dieses an die Außenseite des Glases drücken.
- Das zweite Stück neben das erste kleben – und so rundherum weiter verfahren.
- Am Schluss optional noch etwas Bast, Schnur oder Geschenkband rundherum binden.
- Ins Glas kommt noch ein Teelicht, welches bei Dunkelheit wundervoll durch die Äste schimmert.

Kugel aus Ästen

- Schneide die Äste mit einer Gartenschere in etwa 4 bis 8 cm lange Stücke.
- Für eine Kugel von 20 cm Durchmesser brauchst du etwa 50–100 Stücke.
- Einen Luftballon in der gewünschten Größe aufblasen und verknoten.
- Das erste Stück Holz mit etwas Heißkleber auf den Ballon kleben.
- Die weiteren Stücke jeweils an oder über mindestens ein vorangegangenes Stück kleben und dabei einigermaßen der Rundung des Ballons folgen.
- Wenn der Ballon rundherum eingeschlossen ist, ein paar Minuten trocknen lassen.
- Ballon zerplatzen und die Reste entfernen sowie überbleibende Fäden des Klebers.
- Falls die Kugel noch größere Lücken aufweist, kannst du weitere Holzstücke drankleben.
- Die Kugel ist eine wunderschöne Deko für draußen oder drinnen.
- Für den besonderen «Wow-Effekt» kannst du in der Kugel eine Lichterkette drapieren.

Die beiden Dekoideen aus Ästen sowie eine weitere Idee für eine Vase findest du in diesem Video:

Kräuter

Gibt es etwas Besseres als frische Kräuter? Im Sommer direkt aus dem Garten, vom Balkon oder einfach frisch aus dem Topf. Aber wie hat man auch das restliche Jahr etwas davon?
Wie man Kräuter auf verschiedene Arten konserviert, haltbar macht und weitere tolle Kräuterideen haben wir hier für dich zusammengestellt.

Kräuter trocknen

Das Trocknen ist eine einfache Art der Konservierung. Dazu die Kräuter (z. B. Rosmarin, Salbei, Thymian, Oregano und Lavendel) ernten und trocknen lassen. Damit sie rundherum gleichmäßig trocknen, ein paar Zweige mit etwas Schnur zusammenbinden und kopfüber aufhängen (z. B. mit einer Wäscheklammer an einem Drahtkleiderbügel).

Alternativ auf ein sauberes Tuch legen und die Kräuter von Zeit zu Zeit wenden. Das Trocknen idealerweise an einem schattigen Ort durchführen.

Nach einer Woche die getrockneten Kräuter in luftdicht verschließbare Gläser füllen und lichtgeschützt aufbewahren.

Kräuter einfrieren

Statt Kräuter zu trocknen, kannst du sie auch frisch einfrieren. Wir machen dies v. a. mit Schnittlauch und Petersilie:

Die Kräuter waschen, kleinschneiden und in verschließbare (Marmeladen-) Gläser füllen. Diese kannst du bedenkenlos einfrieren. Bei Gebrauch mit einem Teelöffel die gewünschte Menge herausnehmen, den Rest sofort wieder in den Gefrierschrank geben.

Kräuter in Öl einlegen

Auch so lassen sich frische Kräuter gut haltbar machen z. B. Basilikum oder Bärlauch.

- Kräuter ganz oder feingeschnitten in ein verschließbares Glas geben.
- Mit Olivenöl übergießen, so dass die Kräuter vollständig mit Öl bedeckt sind.
- Am besten im Kühlschrank aufbewahren.
- Und immer, wenn Kräuter entnommen werden, darauf achten, dass die restlichen Kräuter weiterhin mit Öl bedeckt sind. Bei Bedarf also einfach etwas nachgießen.

Kräutersalz

Mit frischen Kräutern kannst du auch aromatische Kräutersalze herstellen:

- Dazu die Kräuter vom Stiel entfernen, kleinschneiden und mit grobem Meersalz in einem Mörser verreiben. Das Salz saugt dabei die ätherischen Öle der Kräuter auf.

  Eine herrlich duftende, meditative Arbeit!

- Wenn's eilt, geht's aber auch im Mixer.
- Das Kräutersalz auf einem Backtrennpapier verteilen und 2 Tage an einem schattigen Ort vollständig trocknen lassen.
- Schneller geht's im Backofen: etwa eine Stunde bei 40 Grad.
- Danach in ein luftdicht verschließbares Glas füllen.

  Für das Kräutersalz kannst du Kräuter nach deiner Wahl verwenden und beliebig kombinieren.

Petersilie mühelos zerkleinern

Krause Petersilie ist nicht so einfach mit dem Messer zu schneiden wie z. B. Schnittlauch. Mit dem Tassen-Trick funktioniert dies aber mühelos – und eignet sich auch für Kinderhände:

Die Petersilie in eine Tasse geben und mit einer Schere kleinschneiden.

Kräuteröl

Auch dafür kannst du beliebige Kräuter verwenden und davon ein paar Zweige in eine leere Glasflasche geben. Wenn du deinem Öl etwas Schärfe oder einen exotischen Touch verleihen möchtest, kannst du auch noch geschälten Knoblauch, Pfeffer- oder Senfkörner, Kardamom oder Chili beifügen. Besonders Letzteres macht sich nicht nur geschmacklich, sondern auch optisch gut in der Flasche. Mit Olivenöl auffüllen und gut verschließen.

Vor dem Gebrauch das Kräuteröl kühl und dunkel 4 Wochen ziehen lassen.

Ein großartiges Mitbringsel, welches ungeöffnet problemlos ein halbes Jahr haltbar ist.

Hier gibt's die Videoanleitung zu all den beschriebenen Kräuter-Tricks:

Pesto mit Kräutern aus der Natur

Für Pesto braucht es 4–5 (Grund-)Zutaten: Gewürzkräuter, Nüsse, Öl, Käse und allenfalls Knoblauch. Für das klassische «Pesto Genovese» werden Basilikum, Pinienkerne, Pecorino, Olivenöl und grobes Meersalz verwendet.

Prinzipiell kannst du aber beliebige Kräuter, Nüsse, Käse, Öle etc. verwenden und nach deinem Gusto kombinieren.

Und probier's doch nicht nur mit Gartenkräutern, sondern sammle beim nächsten Spaziergang ein paar herrliche Wildkräuter für dein Pesto. Bärlauch, Löwenzahn, Pfefferminze oder Brennnesseln eignen sich nämlich auch hervorragend dafür.

Damit dich die Brennnesseln nicht brennen, vor der Zubereitung mit einem Nudelholz drüberfahren. So brechen die Härchen und die brennende Flüssigkeit tritt aus. Die Brennnesseln lassen sich anschließend problemlos anfassen und brennen nicht mehr.

Unsere 3 genauen Pesto-Rezepte gibt's in diesem Rezeptvideo:

Grill

Wir lieben es zu grillen (oder grillieren, wie man bei uns in der Schweiz sagt). Auch wenn der Sommer Hauptsaison ist, kommt unser Grill auch in den anderen Jahreszeiten zum Einsatz. Denn auf einem Grill lässt sich so viel mehr zubereiten als Würstchen und Maiskolben. Und für das spontane Grillvergnügen kannst du sogar einen Minigrill im Nu selbst bauen.

Minigrill

Dieser Minigrill funktioniert mindestens so gut wie all die Einweggrills, die man kaufen kann. Außerdem kann er immer wieder verwendet werden und sieht erst noch kultig aus:

- Einen runden Blumentopf aus Ton (nicht zu klein) mit Wasser befeuchten, um Risse zu vermeiden.
- Holzkohle in den Blumentopf füllen sowie etwaige Anzündhilfen.
- Die Holzkohle durch das Loch am Blumentopfboden anzünden und auf zwei kleine Holzleisten stellen. So kann Luft von unten durch den Blumentopf ziehen und man erhält eine schöne Glut.
- Sobald die Glut bereit ist, ein Tortengitter als Grillrost obendrauf setzen und der Grill ist fertig und bereit für das Grillgut.

Hier gibt's das Ganze auch noch als Video:

Anzündhilfen

Zum Grillen mit Freunden im Park verabredet, Holzkohle dabei, aber die will einfach nicht brennen und du hast auch keine Anzündhilfe? Kein Problem. Denn du hast bestimmt eine Packung Chips dabei. Zünde 2–3 Chips an, leg sie in den Grill und gib dann die ersten Kohlestücke dazu. Sobald diese anfangen zu glimmen, kannst du weitere Kohle dazu geben.

Dieser Trick funktioniert, weil Chips sehr fetthaltig sind. Und Fett brennt ja bekanntlich ganz gut.

Weitere Anzündhilfen wären ein Eierkarton oder eine leere Glasflasche sowie Zeitungspapier. Alle drei Varianten gibt's in diesem Video zu sehen:

Frischer Kaffee

Ja, du hast richtig gelesen: Sogar Kaffee kannst du auf dem Grill zubereiten.

Dazu den Kaffeekocher wie gewohnt mit Wasser und gemahlenem Kaffee vorbereiten und dann statt auf die Herdplatte auf den Grillrost stellen. Da kommt gleich Ferienstimmung auf.

Frische Brötchen

- Brotteig deiner Wahl zubereiten und zu kleinen, flachen Brötchen formen.
- Auf dem Grill beidseitig je etwa 3–4 Minuten backen.

Die Brötchen gehen in dieser Zeit schön auf und bekommen vom Grillrost eine unvergleichliche Musterung und Farbe.

Dieses warme, selbstgemachte Brot ist unbeschreiblich lecker und eignet sich super mit Butter und Marmelade zum Frühstück oder auch als Grillbeilage.

Ei im Brot

Ein leckeres Frühstück ruckzuck zubereitet:

- Deckel eines Brötchens (gekauft oder selbstgemacht) abschneiden und das Brötchen etwas aushöhlen.
- Ein Ei aufschlagen und in das Brötchen gleiten lassen.
- Ab damit auf den Grill, eventuell etwas Alufolie darunterlegen, falls das Ei auslaufen sollte.
- Sobald das Ei gestockt ist, vom Grill nehmen, würzen und genießen.

Kuchen

Dazu verwenden wir den Orangenschalentrick von eben als Backform und füllen diese zu 2/3 mit einem beliebigen Rührkuchen.

Unser Tipp: Schokoladenkuchen passt besonders gut zum Orangengeschmack.

Zimtschnecken

Zimtschnecken wie für eine Zubereitung im Backofen vorbereiten.

(Ein Rezept dazu findest du z. B. auf unserem Blog)

Für die Zubereitung auf dem Grill kannst du leere Orangenschalenhälften als Backform verwenden.

Zimtschnecken in die Orangenschalen setzen und so auf den Grill geben. Bei Bedarf wiederum etwas Alufolie darunterlegen. Nach rund 20 Minuten hast du leckere, gebackene Zimtschnecken.

Diese letzten 4 Grill-Hacks haben wir dir in diesem ausführlichen Video zusammengestellt:

Mit diesem Kuchen vom Grill sind wir definitiv beim Grilldessert angelangt:

Apple Crumble

Crumble ist wahrlich superlecker. Vor allem als Nachspeise «mit nur ein bisschen schlechtem Gewissen», weil da ja Früchte oder Beeren drin sind (in diesem Fall: Äpfel).

- Ofenform(en) mit Butter ausfetten.
- Apfel kleinschneiden, in die Form geben und etwas Zimtpulver darüber streuen.
- Mehl, Zucker und Butter mischen und zu Streuseln verreiben.
- Streusel über die Apfelstücke verteilen und ab damit auf den Grill.
- Nach etwa 30 Minuten ist der Crumble fertig.
- Mit Puderzucker bestäuben und warm genießen.

Diese und weitere Desserts vom Grill warten auf dich in diesem Video:

Pizza (ohne Pizzastein)

«Pizza vom Grill» klingt jetzt erstmal nicht nach einem spektakulären (Grill-) Hack. Aber wir brauchen dafür nicht mal einen Pizzastein o. Ä.

Damit die Pizza auf dem Grill optimal gelingt (und fast wie in Italien schmeckt), empfehlen wir dir, nur kleine Pizzastücke (ca. 10 x 10 cm) zu machen. Davon halt einfach mehrere statt nur eine große Pizza. Denn so bekommst du sie mit einem Pfannenwender nicht nur gut auf den Grill und auch wieder davon weg, sondern sie werden auch perfekt gebacken.

Das geschnittene Teigstück zuerst 45 Sekunden auf den Grill geben, vom Grill nehmen, wenden und mit Tomatensauce und Zutaten nach Wahl belegen. Danach nochmals für etwa 90 Sekunden auf den Grill geben und fertigbacken.

Uns schmeckt Pizza so definitiv besser als aus dem Backofen. Dies eignet sich auch für die gemeinsame Grillparty mit der Familie, bei der sich jede:r die eigene Pizza individuell belegen kann.

Pizza vom Grill im Video gibt's hier:

Pizzasnacks

Für diesen Hack verwenden wir einen Eiswürfelbehälter als Form.

- Pizzateig (selbstgemacht oder gekauft) rechteckig ausrollen.
- Teig über die Form legen und in die Einbuchtungen drücken.
- Einbuchtungen nach Belieben mit Tomatensauce, Gewürzen und weiteren Zutaten deiner Wahl füllen.
- Teigrand mit Wasser befeuchten und alles mit einer zweiten Teigschicht bedecken.
- Ränder gut zusammendrücken.
- Form umdrehen und alles vorsichtig herausnehmen.
- Mit einem Messer auseinanderschneiden und gegebenenfalls noch etwas formen.
- Auf dem Grill beidseitig 1–2 Minuten backen (oder alternativ im Backofen zubereiten).

Den Eiswürfeltrick zeigen wir dir hier auch als Video:

Mediterrane Paprika

Verbrannte Paprika? Das klingt komisch, sorgt aber dafür, dass Röstaromen entstehen – und das Ergebnis schmeckt herrlich.

- Paprika waschen und direkt auf den Grillrost legen.
- Von Zeit zu Zeit wenden.
- Vom Grill nehmen, sobald die Paprika rundherum großflächig verbrannte Stellen aufweist und fast auseinanderfällt, wenn du sie mit der Zange greifst.

- Die äußere Hautschicht vorsichtig abziehen. Innen ist die Paprika nicht verbrannt, sondern schön saftig.
- Stiel und Kerne entfernen.
- Die Paprika in breite Streifen schneiden und auf einen Teller oder eine Platte legen.
- Mit einer Marinade aus Öl, Knoblauch, Kräutern und Gewürzen bestreichen.

Die Zubereitung der Paprika sowie weiteres mediterranes Gemüse vom Grill zeigen wir dir in diesem Video:

(Gemüse-)Chips

Klar, Chips kann man kaufen. Aber man kann sie auch selbst machen. Nicht nur aus Kartoffeln, sondern auch aus anderem Gemüse wie z. B. Karotten, Zucchini etc.

- Gemüse waschen und falls nötig schälen.
- In dünne Scheiben schneiden; dazu eignet sich am besten ein Gemüsehobel, Sparschäler oder Käsehobel, damit die Scheiben gleich dick werden.
- Die Gemüsescheiben auf ein Tuch legen, mit Salz bestreuen und ziehen lassen. Dadurch wird dem Gemüse Wasser entzogen.
- Nach 20 Minuten die Gemüsescheiben unter fließendem Wasser abspülen, auf ein frisches Tuch legen und trockentupfen.
- Auf beiden Seiten mit Olivenöl bestreichen.
- Danach beidseitig grillen (falls möglich indirekt). Alternativ geht das auch im Backofen oder in einer Fritteuse.
- Auskühlen lassen, mit Gewürzen und Kräutern nach Belieben verfeinern.

Im Video zu den Chips zeigen wir dir auch noch, wie du eine Trüffelmayo herstellen kannst, die wunderbar dazu passt:

Maronen

Was wären Herbstfeste und Weihnachtsmärkte ohne heiße Maronen. Die gute Nachricht: Die kannst du dir auch zu Hause zubereiten:

- Maronen eine Stunde in Wasser einweichen lassen.
- Maronen auf der bauchigen Seite einschneiden und auf ein Blech oder in einen Gemüsekorb legen.
- Maronen auf den Grill geben und rund 20 Minuten braten (oder alternativ im Backofen zubereiten).
- Alle 5 Minuten mit einem Handschuh die Maronen bewegen und mit Wasser besprühen (sonst werden sie trocken).
- Vom Grill nehmen, in ein nasses Tuch einwickeln und 5 Minuten warten.
- Danach kannst du sie schälen und genießen. (Unbedingt noch warm schälen. Kalt geht die Schale nur mühsam ab.)

Die Grill-Maronen als Video gibt's hier:

Grillrost reinigen

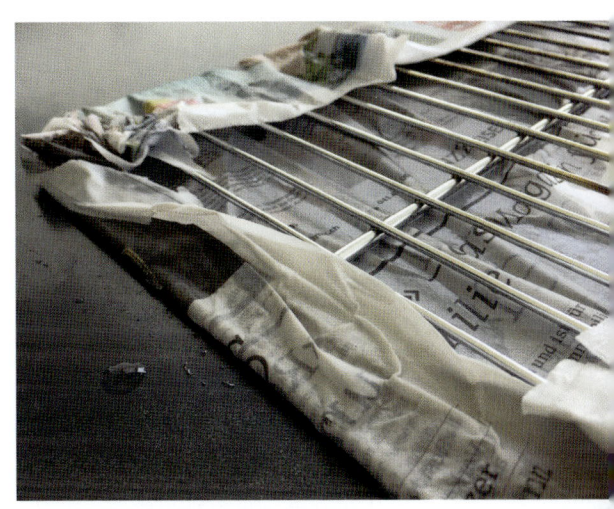

Nach dem gemütlichen Grillen sollte der Grill gereinigt werden. Deinen Grillrost bzw. dein Grillgitter kannst du ohne großen Aufwand und teure Spezialreiniger wieder sauber putzen – mit Zeitungspapier:

Dieses nass machen und den noch leicht warmen Rost darin einwickeln. Einige Stunden (oder über Nacht) einwirken lassen. Danach kann die Zeitung entfernt und der Schmutz mit einem nassen Schwamm (und eventuell etwas Spüli) problemlos abgerieben werden. So einfach kann's sein.

Auch dazu haben wir ein Video für dich:

4 GESUNDHEIT

WIR SIND WEDER ÄRZTINNEN NOCH ANDERWEITIGE FACHPERSONEN IM BEREICH GESUNDHEIT. UNSERE TIPPS ERSETZEN DANN AUCH NICHT DEN FACHKUNDIGEN RAT. DENNOCH GIBT ES AUCH IM THEMA GESUNDHEIT GANZ VIELE KLEINE HACKS – DIE IM ALLTÄGLICHEN LEBEN NÜTZLICH SIND. DENN BEI LEICHTEN KRANKHEITEN WIE EINER ERKÄLTUNG BRAUCHT'S NICHT IMMER GLEICH DIE CHEMIEKEULE.

Körperpflege

Im Bereich Körperpflege gibt's unglaublich viele Produkte zu kaufen. Das kann unter Umständen den Geldbeutel arg strapazieren. Ganz zu schweigen vom vielen Plastikmüll, der entsteht. Warum also nicht selbst herstellen – so weißt du auch ganz genau, was drin ist.

Peeling

Für ein Peeling braucht es 2 Zutaten – eine, die schrubbt und eine, die Feuchtigkeit spendet.

- Schrubbende Zutaten sind z. B. Zucker, Salz oder Kaffeesatz.
- Feuchtigkeitsspendende Zutaten sind z. B. Olivenöl, Avocado oder Honig.
  Optional kannst du noch weitere Zutaten wie Fruchtsäure oder Kamille beifügen.

- Das Grundverhältnis ist:
x Esslöffel schrubbende Zutat + x Teelöffel feuchtigkeitsspendende Zutat.
(Also gleiche Anzahl, unterschiedlich große Löffel.)

- Die Peelings kannst du sofort anwenden und solltest sie rasch aufbrauchen.

Handcreme aus nur 2 Zutaten

Handcremes selbst herzustellen kann kompliziert sein. Unsere Varianten sind simpel – sie sind aber dafür eher salbenartig und ziehen nicht so gut ein. Pflegen tun sie aber richtig gut.

- Variante 1:
Sheabutter und Kokosöl im Verhältnis 5:6 im Wasserbad schmelzen und gut mischen.
In Döschen abfüllen und auskühlen lassen.

- Variante 2:
50 ml Olivenöl und 3 Gramm Bienenwachs im Wasserbad schmelzen lassen und gut mischen.
    In Döschen abfüllen und auskühlen lassen.
    Die Cremes sollten möglichst kühl aufbewahrt werden.

Deo mit Salbei

Dieses Deo wirkt antibakteriell und braucht nur wenige Zutaten. Es ist schnell hergestellt, sollte aber auch innerhalb von 1–2 Wochen verbraucht werden.

- 100 ml Wasser aufkochen.
- Einige Salbeiblätter (frische oder getrocknete) beigeben und 10 Min. ziehen lassen, anschließend entfernen.
- 1 TL Speisestärke zum Sud geben und gut mischen.
- Abkühlen lassen.
- 2 TL Natron dazugeben und gut vermengen.
- Das fertige Deo in einen leeren Glasroller abfüllen.

Praktischer Abfalleimer für gebrauchte Taschentücher

Damit bei Schnupfen nicht überall gebrauchte Taschentücher herumliegen, kannst du eine leere Taschentuchbox als Mini-Abfalleimer nutzen. Und damit du den gleich am richtigen Ort hast, klebst du ihn mit doppelseitigem Klebeband an eine volle Taschentuchbox. Diese Konstruktion kannst du z. B. auch gut neben das Bett stellen.

Fieber

«Essigsocken» kann man wohl als einen Klassiker unter den Hausmitteln bezeichnen. Und ja, angenehm geht anders. Aber es ist wirklich ein sehr wirkungsvolles Mittel, um das Fieber zu senken:

- In eine Schüssel 1 Liter handwarmes Wasser und 2 EL Essig geben.
- Möglichst lange Woll- oder Baumwollsocken in die Schüssel geben.
- Auswringen und über Füße und Waden ziehen.

- Die Beine am besten in ein Badetuch wickeln, damit das Bett nicht nass wird.
- Nach 10 bis 20 Minuten sollte das Fieber um etwa 1 Grad gesunken sein.
- Falls nötig: 30–60 Minuten später nochmals wiederholen (Pausen zwischen den Wickeln einhalten, denn das Fieber sollte nicht zu rapide sinken).

Halsschmerzen I

Salzwasser ist ein super einfaches Mittel, das desinfiziert und die Schmerzen lindert:

- 1 TL Salz in 200–300 ml heißem Wasser auflösen und abkühlen lassen.
- Damit rund 30 Sekunden gurgeln.
- Falls nötig: Mehrmals täglich wiederholen.

Halsschmerzen II

Ein Zwiebelwickel ist nicht das wohlriechendste aller Hausmittel, dafür aber effektiv:

- Zwiebel schälen und in Streifen schneiden.
- In ein Leinentuch geben und mit einem Löffel leicht zerdrücken.
- Den Wickel über einem Wasserbad erwärmen (am besten auf umgedrehtem Pfannendeckel).
- Möglichst heiß auf die schmerzende Stelle geben und etwa 20 Minuten einwirken lassen.

Essigsocken, Gurgeln, Zwiebelwickel und weitere Tipps bei Erkältung und Grippe haben wir hier für dich:

Fingerkuppen-Pflaster

Wenn du dich an der Fingerkuppe verletzt hast und ein klassisches Pflaster verwendest, hält dies meist nur kurz und rutscht schnell wieder ab. Besser sind sogenannte Fingerkuppen-Pflaster. Die musst du aber nicht extra kaufen, sondern kannst sie aus einem gewöhnlichen Pflaster zuschneiden:

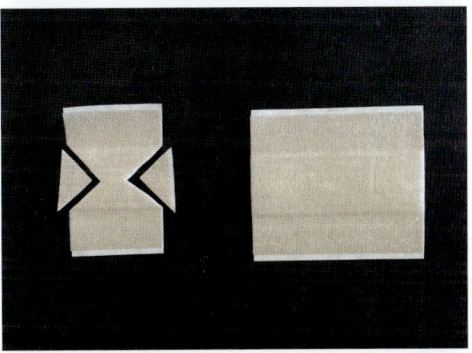

- Dazu schneidest du mit der Schere auf beiden Seiten in der Mitte ein Stück weg.
- So kannst du es über die Fingerkuppe legen und auf beiden Seiten befestigen.
- Noch besser hält es, wenn du eines aus einem breiten Stück Pflaster zurechtschneiden kannst.

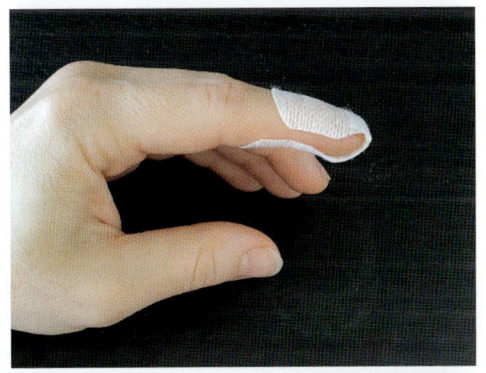

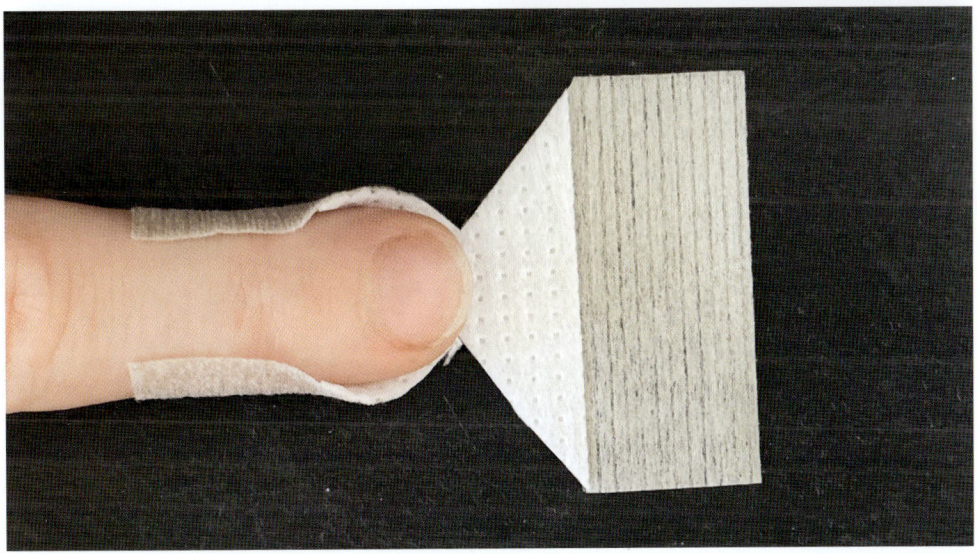

- Eine Zwiebel schälen, in kleine Würfel schneiden und in ein leeres Marmeladenglas geben.
- Einige Blätter Thymian und Salbei dazu geben.
- Einige Löffel reinen Bienenhonig beigeben und mischen, sodass alles bedeckt ist.
- Deckel schließen und für 24 Stunden in den Kühlschrank stellen.
- Zwischendurch immer wieder mal umrühren oder schütteln.
- Nach 24 Stunden durch ein Sieb gießen und zurück ins Glas füllen.
- Dreimal täglich 2 EL Hustensaft einnehmen.
- Im Kühlschrank ist dieser mindestens 3 Tage haltbar.

Das Rezeptvideo für den Hustensaft gibt's hier:

Husten

Nichts gegen Hustensaft aus der Apotheke. Aber warum kaufen, wenn man ihn auch selbst machen kann – und zwar aus rein natürlichen Zutaten:

Wohlbefinden

Nicht nur in der aktuellen Zeit ist es wichtig, auf sich selbst gut zu achten und für sein Wohlbefinden zu sorgen. Hier gibt's drei einfache Tricks, die bei uns regelmäßig zum Einsatz kommen.

Ingwershot

In der kalten Jahreszeit gibt's bei uns täglich einen Ingwershot, dazu bereiten wir uns 1–2 Mal pro Woche eine solche Portion zu:

- Etwa 100 g frischen Ingwer in kleine Würfel schneiden (du kannst ihn vorher auch schälen) und in ein hohes Gefäß geben.
- Den Saft von 3 Zitronen auspressen und dazugeben.
- Mit 2 EL Honig süßen und alles fein pürieren.

- Durch ein Sieb in eine Flasche füllen und im Kühlschrank für maximal eine Woche aufbewahren.

Hier geht's zu unserem Ingwershot-Video:

Dankbarkeits-Tagebuch

Notiere dir abends vor dem Zubettgehen ein paar Punkte, für die du an diesem Tag dankbar warst: Schöne Dinge, die dir an diesem Tag widerfahren sind. Kleine Dinge wie ein Spaziergang an der Sonne, ein zwitschernder Vogel vor dem Fenster, ein Sitzplatz in der S-Bahn oder ein Kompliment eines Mitmenschen.

So gehst du mit positiven Gedanken ins Bett – und wenn es dir mal nicht so gut geht, kannst du durch das Buch blättern und in schönen Erinnerungen schwelgen.

Diesen und viele weitere kleine Tipps für mehr Leichtigkeit im Alltag findest du in diesem Video:

Zu-Bett-geh-Ritual

Eigne dir ein Ritual an, welches du jeden Abend immer gleich machen wirst (z. B. Wohnung lüften – auf Toilette gehen – Zähne putzen – Schlafanzug anziehen). Wenn du das täglich exakt so wiederholst, gewöhnt sich dein Körper mit der Zeit daran (nach 30 Tagen) und beginnt schon während des Rituals runterzufahren – und du kannst entspannt einschlafen.

Weitere Schlafhygiene-Tipps für einen guten und erholsamen Schlaf haben wir hier für dich:

Kopfschmerzen

Ein Bleistift gegen Kopfschmerzen? Das klingt ungewöhnlich, geben wir zu. Aber es funktioniert tatsächlich. Die häufigste Art von Kopfschmerzen ist der sogenannte «Spannungskopfschmerz», welcher durch Stress oder Verspannungen (im Oberkörper) entstehen kann. Statt Schmerzmittel verwenden wir einen Bleistift: Klemme diesen zwischen die Zähne. Das entkrampft Kiefer und Schläfen – und die Kopfschmerzen lassen nach kurzer Zeit nach.

Weitere überraschende Bleistift-Hacks haben wir in diesem Video:

5 SPAREN

IN DIESEM KAPITEL WOLLEN WIR DIR TIPPS GEBEN, UM RESSOURCEN UND GELD ZU SPAREN, INDEM WIR DINGE UPCYCELN, ZWECKENTFREMDEN ODER REPARIEREN, STATT SIE WEGZUWERFEN. ODER INDEM WIR DINGE SELBST MACHEN, STATT SIE ZU KAUFEN. IN EINER SCHNELLLEBIGEN ZEIT FÄLLT SO VIEL UNNÖTIGER MÜLL AN. MIT UNSEREN TIPPS WOLLEN WIR DIR DIE AUGEN ÖFFNEN, DASS VIELES NOCH VERWENDUNG FINDEN KANN.

Upcycling statt entsorgen

Definitiv eine unserer Lieblingsrubriken. Lange bevor wir die Begriffe «Lifehack» und «Upcycling» kannten (und lange bevor es die Lifehackerin gab), haben wir bereits aus Abfall gebastelt, Dinge zweckentfremdet oder umgenutzt.

Tasche aus einem T-Shirt

Aus einem alten T-Shirt lässt sich eine Tasche nähen, und zwar so:

- Die beiden Ärmel abschneiden sowie den Ausschnitt größer zuschneiden.
- Den unteren Rand des Shirts rund schneiden.
- Stoff auf links drehen und unteren Rand zusammennähen.
- Stoff wieder umdrehen und schon ist die Form der Tasche geschafft.
- Damit die Tasche länger hält, an allen offenen Stellen einen Saum nähen; dazu den Rand etwas einklappen und abnähen.

Nadelkissen aus Stoffresten

- Aus einem Stoffrest (z. B. übrig geblieben von der Hemdkochschürze) einen Kreis ausschneiden.
- Mit einem Stück Faden von Hand einmal am Rand rundherum nähen.
- In die Mitte etwas Watte geben, den Faden zusammenziehen und verknoten.
- Das so entstandene Kissen auf den Deckel eines Marmeladenglases kleben.
- Im Glas ist Platz für Fadenspulen – und ins Nadelkissen werden die Nähnadeln gesteckt.

Teddy aus altem Handschuh

Achtung: «Cuteness-Alarm»! Aus alten Wollhandschuhen kannst du supersüße Teddys nähen, und zwar so:

- Den Mittelfinger und den kleinen Finger vom Handschuh abschneiden.
- Den Handschuh auf links drehen und die beiden Löcher zunähen.
- Handschuh wieder auf rechts drehen und den Handschuh mit Watte stopfen.
- Mit einem Stück Geschenkband das Handgelenk abbinden, so erhältst du den Kopf.
- Den abgeschnittenen kleinen Finger mit Watte stopfen und an den Teddy annähen, damit dieser 2 Beine und 2 Arme bekommt.
- Auch den Kopf mit Watte füllen und zusammennähen.
- Knöpfe als Augen (und Nase) annähen und fertig.

Kochschürze aus einem Hemd

Diese Schürze ist ein absoluter Hingucker:

- Die Vorderseite eines möglichst großen Herrenhemds mitsamt Kragen vom Rest abtrennen.
- Vom Ansatz der Ärmel bis zum Kragen gerade Linien schneiden.
- Die geschnittenen Stellen einklappen und einen Saum abnähen.
- Aus den abgeschnittenen Ärmeln 2 lange Bänder schneiden, ebenfalls einen Saum nähen und je auf einer Seite der Schürze annähen.
- Schon ist das Kochschürzen-Unikat fertig.

Handschuhe aus Pullover

Dafür verwendest du am besten einen alten Wollpullover.

- Hand mit leicht gespreizten Fingern auf ein Blatt Papier legen und den Umriss etwas größer nachzeichnen, sodass du am Schluss eine Schablone für einen Fausthandschuh hast.
- Ausschneiden und mit etwas Kreide auf einen Pullover übertragen.
- Die Hand auf der Vorder- und Rückseite des Pullovers gleichzeitig ausschneiden.
- Die beiden Teile mit der Außenseite aufeinanderlegen und zusammennähen; dabei das Ende offenlassen.
- Umstülpen und schon hast du einen Handschuh.
- Für die andere Hand die Schablone umgedreht auf den Pulli übertragen und gleich verfahren.

Handwärmer aus Stoffresten

Praktisch für kalte Tage:

- Aus einem alten Shirt ein rechteckiges Stück Stoff ausschneiden (doppelt so groß wie das Kissen werden soll).
- In der Mitte zusammenfalten – und bis auf eine kleine Öffnung – zusammennähen.
- Stoff umdrehen und das Säckchen mit Reis befüllen.
- Öffnung zunähen und fertig.

Noch schneller geht's mit einer alten Socke: Unteren Teil mit Reis füllen und den oberen Teil verknoten.

- Zum Aufwärmen: Die Handwärmer in die Mikrowelle geben.

Cupholder aus alter Socke

Um die Finger bei henkellosen Tassen nicht zu verbrennen, kannst du dir den oberen Teil einer Socke in der gewünschten Länge abschneiden. Den unteren Saum nach innen stülpen und das Ganze über die Tasse ziehen. Ist praktisch und sieht auch noch gut aus.

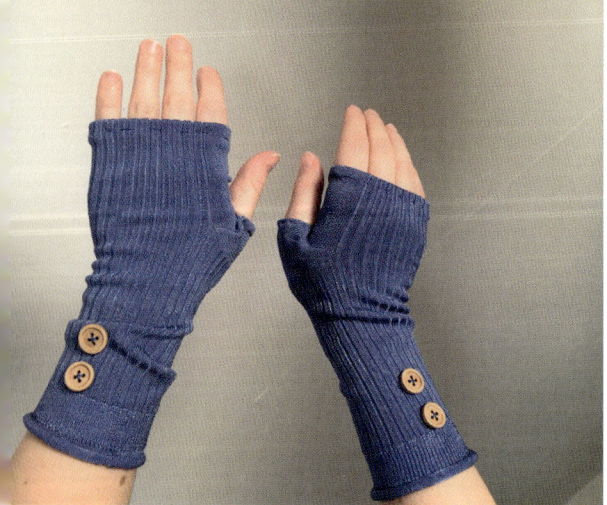

Armstulpen aus alten Socken

Socken, bei denen die Ferse oder Spitze Löcher haben, können in schicke Armstulpen verwandelt werden:

- Spitze und Ferse abschneiden (am besten die Hand als Schablone verwenden).
- Einen Saum nähen und fertig ist die Armstulpe.
- Nach Belieben mit Knöpfen, Perlen etc. verzieren.

Das Tutorial zu diesen Kleider-Upcycling-Ideen und viele weitere dazu findest du in diesem Video:

Perlen aus Zeitungspapier

Wer sagt denn, dass Schmuck teuer sein muss? Diese Papierperlen sehen kunstvoll aus – und jede ist ein Unikat:

- Aus Zeitungspapier lange Streifen schneiden, die zu einem Ende spitz zulaufen. (Die Breite des Streifens wird später die breite der Perle; je länger der Streifen, desto dicker wird die Perle.)
- Von der breiten Spitze her alles aufrollen. Dazu einen Zahnstocher zur Hilfe nehmen.
- Auf die letzten Zentimeter etwas Kleber geben und vorsichtig zu Ende rollen.
- Die Perlen können einzeln (oder mehrere zusammen) auf einen Faden oder ein Gummiband aufgefädelt werden.

Du kannst sie als Armband oder Halskette tragen.

Wie du daraus ein breites Armband machen kannst und weitere Ideen aus Zeitungspapier zeigen wir dir in diesem Video:

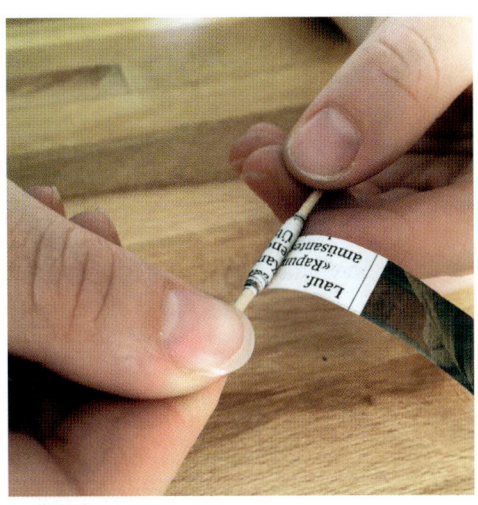

Geldbörse aus Getränkekarton

Ein Klassiker:

- Boden und Deckel eines Getränkekartons abtrennen.
- Auf einem Drittel der Länge eine breite Seite stehen lassen und auf 3 Seiten abschneiden.
- Die zugeschnittene Packung flach zusammendrücken, in der Mitte zusammenfalten und mit doppelseitigem Klebeband zusammenkleben.
- Das überstehende Stück dient als Deckel: Eine Seite eines selbstklebenden Klettverschlusses auf die Innenseite des Deckels kleben, die andere Seite auf den zusammengeklebten Teil.

Alles klar? Ansonsten gibt es hier die Videoanleitung davon:

Wattepad-Box aus Chipsdose

Chipsdosen sind zu schade, um sie einfach wegzuschmeißen. Eine Möglichkeit ist, daraus eine Wattepad-Box zu gestalten:

- Die Dose gut reinigen.
- Danach bemalen oder mit Geschenkpapier bekleben, damit nicht mehr zu sehen ist, was es einmal war.
- Unten eine halbrunde Öffnung herausschneiden und optional verzieren.
- Die Wattepads kommen oben rein und können unten durch die Öffnung einzeln entnommen werden.

Cremedöschen aus Plastikverschluss

Selbst Verschlüsse von Plastikflaschen können weiter verwendet werden. Wir machen daraus kleine Döschen für etwas Gesichtscreme, Handcreme etc. oder auch als Pillenbox in praktischer Größe für den nächsten Weekend-Trip:

- Den Verschluss einer Plastikflasche abschneiden.
- Den unteren Teil mit Sekundenkleber in einen zweiten Flaschendeckel kleben und gut trocknen lassen.
- Der eine Deckel ist fest verklebt, der andere lässt sich öffnen, um das Döschen mit Inhalt zu füllen und wieder zu verschließen.

Bilderrahmen aus CD-Hüllen

Falls du noch alte CDs zu Hause hast, zumindest die Hüllen nicht wegschmeißen. Daraus lässt sich ein Bilderrahmen basteln:

- Bei 4 CD-Hüllen jeweils Booklet und Inlay herausnehmen.
- Eine Hülle mit der Rückseite nach oben auf den Tisch legen.
- Am Rand etwas Kleber anbringen und eine zweite Hülle so anbringen, dass die Rückseite nach innen zeigt.
- Die dritte Hülle auf der anderen Seite anbringen.
- Die vierte Hülle verbindet die Hüllen drei und vier.
- Die Hüllen lassen sich von außen alle noch öffnen – und statt eines Booklets kann nun in jede Hülle ein Bild in der Größe 12 x 12 cm gelegt werden.

DIY-Vorratsgläser

Leeren Gurken- oder Marmeladengläser kannst du wunderbar beschriften, bemalen und dekorieren. Das schafft Platz im Vorratsschrank und sieht erst noch gut aus. Außerdem kannst du sie direkt nutzen, um in einem Unverpacktladen einkaufen zu gehen.

So kannst du sie beschriften:

- Mit einem wasserfesten Stift direkt auf das Glas schreiben.
- Einen Schriftzug am Computer gestalten und ausdrucken; von innen an das Glas anbringen und von außen mit einem wasserfesten Stift nachfahren.
- Schöne Etikette gestalten und aufkleben.
- Mit einem Prägegerät einen Aufkleber kreieren und auf das Glas kleben.
- Mit Wandtafelfarbe ein Schild direkt auf das Glas malen und später mit Kreide beschriften.

Bemalen:

- Wir empfehlen, Acrylfarbe zu verwenden – und nur die Außenseite zu bemalen bzw. zu besprayen.

- **Extratipp:** Damit du immer siehst, wie viel Inhalt noch im Glas ist, kannst du einen Steifen frei lassen beim Bemalen. Dazu diesen mit Malerkrepp vorab abkleben.
- Du kannst auch dekorative Aussparungen machen (z. B. ein Herz). Dazu die Form aus Papier ausschneiden und vor dem Bemalen aufkleben. Nachdem die Farbe getrocknet ist, Malerkrepp oder Papier entfernen.

Dekorieren:

- Klebe oder schraube einen Knauf auf den Deckel.
- Bastle aus dickerem Papier ein hübsches Etikett, bring ein Loch an (mit einem Locher) und binde es mit Schnur, Faden o. Ä. um das Glas.

Lieber Video schauen als lesen? Dann geht's hier lang:

Reparieren statt neu erwerben

Gegenstände gehen manchmal trotz aller Vorsicht kaputt. Und Sachen, die kaputt sind, nerven. Auch uns. Statt wegschmeißen und neu kaufen, versuchen wir aber immer zuerst die Dinge zu reparieren. Und manchmal ist das sogar richtig einfach.

Abgebrochener Reißverschluss

Der Klassiker – Zipper vom Reißverschluss abgebrochen. Egal ob an Jacke, Hose oder der Geldbörse – der Zipper scheint eine Schwachstelle zu sein und kann abbrechen. Aber nicht verzagen, Lifehackerin fragen: Einen Zipper kann man in der Regel durch eine Büroklammer ersetzen. Durch den Schieber des Verschlusses schieben und schon hast du einen neuen Zipper. Wenn du möchtest, kannst du die Büroklammer anschließend noch mit etwas Klebeband umwickeln.

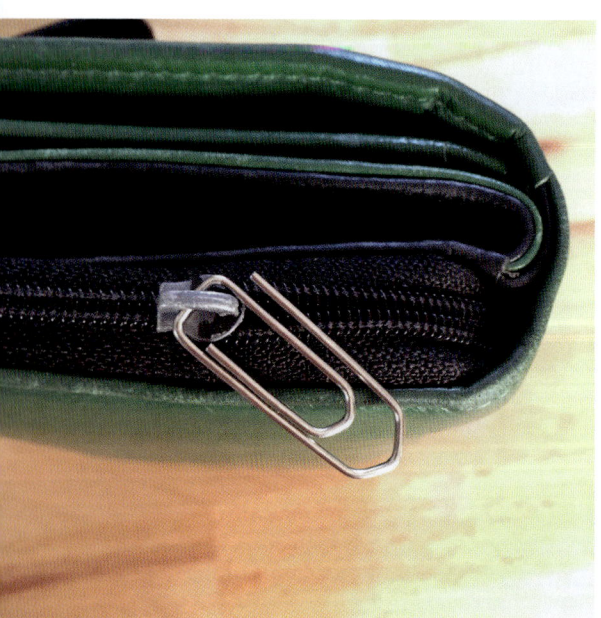

Cremetuben restlos aufbrauchen

Zwar nicht kaputt, aber dennoch werden Cremetuben sehr oft zu früh entsorgt:

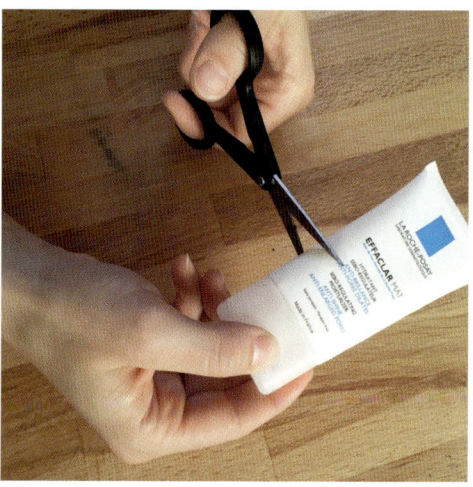

nämlich mit noch ganz viel Inhalt drin. Daher lohnt es sich, eine Tube (wenn vermeintlich nichts mehr drin ist) aufzuschneiden. Wenn du nun aus den Seiten des oberen Teils noch zwei Spitzen ausschneidest, kannst du den oberen Teil in den Boden stecken und die Tube so verschließen, dass der Inhalt nicht austrocknet.

Klemmender Reißverschluss

Mit der Zeit kann ein Reißverschluss klemmen. Auch das ist kein Grund, das Kleidungsstück wegzuwerfen oder den ganzen Reißverschluss auszuwechseln. Einfach mit einer Kerze (z. B. einem Teelicht) beide Reißverschlussseiten einreiben, Schieber ein paar Mal rauf und runter ziehen und schon läuft es wieder wie geschmiert.

Verknotete Schmuckkette

Feine Schmuckketten können in der Schmuckschatulle manchmal einen festsitzenden Knoten bekommen. Die Lösung: Babypuder. Etwas Puder über den Knoten streuen und schon kann dieser wesentlich einfacher gelöst werden.

Weitere Tricks mit Babypuder gibt's im Kapitel «Körperpflege».

Zerbröselten Puder oder Lidschatten retten

Zerbröselt lässt sich der Puder kaum noch verwenden, trotzdem muss er nicht weggeworfen werden.

- Puderreste zuerst noch weiter zerbröseln, bis sie möglichst fein sind.

- Ein paar Tropfen hochprozentigen Alkohol (Vodka oder noch besser reinen Alkohol aus der Apotheke) dazu geben und alles gut mischen.
- Ein Stück Küchenpapier darüberlegen und mit den Fingern die Masse in die Dose pressen.
- Den Puder vollständig trocknen lassen.
- Danach kann er wieder wie gewohnt verwendet werden.

Selbermachen statt kaufen

Es gibt viele Gründe, die dafür sprechen, einige Produkte selbst herzustellen: die Kosten, das Wissen um Inhaltsstoffe oder Zusammensetzung, perfekte Abstimmung auf die eigenen Bedürfnisse, Individualität – und natürlich der Spaß und die Freude am Selbermachen.

Bienenwachstücher selbst machen

Bienenwachstücher sind eine klasse Erfindung. Man kann damit Speisen zudecken oder einpacken und hat so eine großartige Alternative z. B. zu Plastik- und Alufolie.

Und die Herstellung ist ganz einfach:

- Ein Stück nicht zu dicken Baumwollstoff zuschneiden (z. B. von einem alten Hemd oder T-Shirt).
- Auf ein Stück Backtrennpapier legen und kleine Bienenwachsstücke dar-

über verteilen (z. B. in der Apotheke erhältlich).
- Ein weiteres Backtrennpapier darüberlegen, mit einem Bügeleisen das Wachs verflüssigen und in den Stoff einarbeiten.
- Falls nötig kahle Stellen noch mit weiterem Bienenwachs auffüllen.

Die Herstellung der Bienenwachstücher sowie andere Tipps und Tricks rund um Alternativen zu Plastik haben wir in diesem Video für dich:

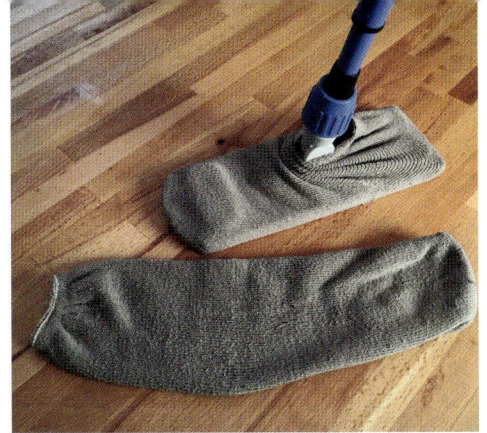

Staubwischen mit einer alten Socke

Das ist so einfach, wie es klingt: Statt eines Staublappens kannst du einfach eine alte Socke verwenden. Und für den Boden kannst du die Socke über einen Besen oder Bodenreiniger stülpen und loslegen. Das erspart dir den Kauf von vielen Einweg-Staubtüchern, die man üblicherweise dafür nutzt.

Messerblock aus alten Büchern

Wie viele Bücher stehen bei dir rum, die du nicht mehr brauchst? Gerade Nachschlagewerke kommen bei uns nicht mehr sehr oft zum Einsatz, weil es inzwischen schnellere digitale Möglichkeiten gibt. Die Bücher, die ja auch mal teuer

waren, kannst du aber z. B. zu einem Messerblock umfunktionieren: Dazu mehrere Bücher nebeneinanderstellen und ein Gummiband darüber stülpen, sodass sie zusammenhalten. Schon kannst du deine Küchenmesser zwischen die Seiten stecken. So schnell hast du ein gutaussehendes Unikat gemacht.

Wir haben dazu ein paar nicht mehr gebrauchte Wörterbücher verwendet. Wie das aussieht und weitere Ideen wie du Alltagsgegenstände zweckentfremden kannst, verraten wir dir hier:

Essigreiniger selbst herstellen

Viele Putzmittel kann man selbst herstellen oder durch Hausmittel ersetzen. Einen Allzweckreiniger aus Essig stellst du so her:

- Die Schale von 2 Orangen in ein Glas reiben und mit 200 ml hellem Speiseessig übergießen.
- Mit Deckel verschließen und 2 Tage ziehen lassen.
- Anschließend durch ein Sieb gießen und im Verhältnis 1:1 mit Wasser mischen.
- Zur einfachen Benutzung in eine Sprühflasche umfüllen.

Wie das bei uns aussieht – und weitere Alternativen zu klassischen Putzmitteln – zeigen wir in diesem Video:

Tüten basteln aus (Zeitungs-)Papier

Dieses DIY ist klasse, weil sehr vielseitig. Du kannst die Tüten aus verschiedenen Papierarten in beliebiger Größe und beliebigen Größenverhältnissen basteln. Probier's mal aus:

- Leg das Papier quer vor dich hin.
- Damit die Öffnung später etwas verstärkt wird, den unteren Rand einige Zentimeter nach oben falten und festkleben.
- Das Papier um 180 Grad drehen, sodass das geklebte Stück von dir weg liegt.
- Die beiden Seiten so zur Mitte hin falten, dass sie sich etwa 2–3 cm überlappen.

- Diesen überlappenden Teil zusammenkleben.
- Von unten ein Stück nach oben falten: So breit wie dieses Stück werden später der Boden und auch die Seiten.
- Die oberste Schicht wieder nach unten klappen, so entstehen auf den Seiten zwei Dreiecke, welche du nun gut falten musst: Das Stück von unten zur Mitte des Bodens falten, ebenso das von oben – und mit Tesafilm zusammenkleben.
- Das Papier um 90 Grad drehen.
- Zwischen den entstandenen Ecken eine Linie vorstellen – und diese bis zum Papierrand verlängern. Dieser imaginären Linie entlang das Papier falten.
- Diesen Schritt auf der anderen Seite wiederholen.

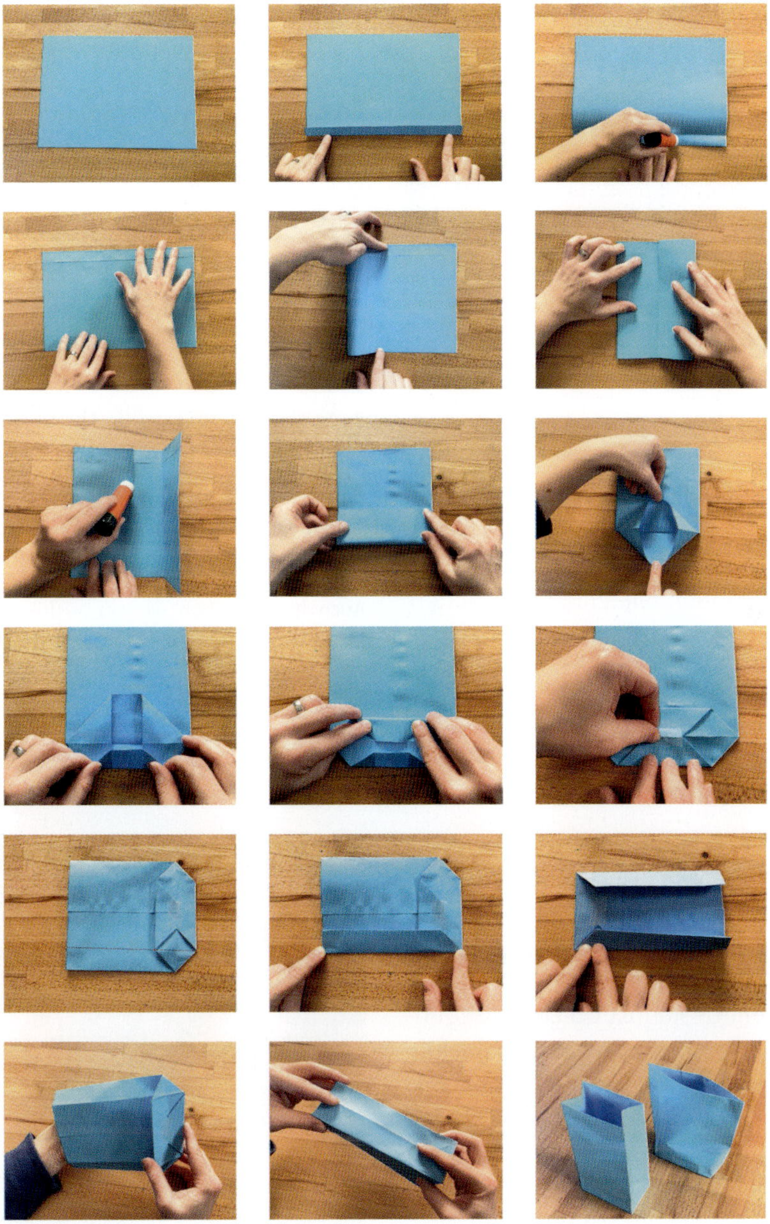

- Das Papier einmal umdrehen und die beiden Stücke auch auf dieser Seite nochmals falten – und wieder öffnen.
- Mit der einen Hand in die Tüte fahren und den Boden raus drücken.
- Die Seiten zurechtzupfen und schon ist die Tüte fertig.

Das klingt nun vielleicht etwas kompliziert. Einfacher ist es, wenn du dir unser Video dazu anschaust. Da zeigen wir dir auch verschiedene Möglichkeiten, wie du die Tüte verschließen und gestalten kannst:

101

Mit den Fingern stricken

Du möchtest etwas stricken, hast aber keine Stricknadeln? Kein Problem, du könntest entweder andere lange dünne Stäbe verwenden wie z. B. Essstäbchen. Oder du strickst mit bloßen Händen.

Das ist total einfach, die Erklärung mit Videobild erst recht:

Kreidefarbe selbst machen

Mit Kreidefarbe kannst du Deko-Gegenstände oder Möbeln einen schicken Terracottalook verpassen. Die spezielle Kreidefarbe dazu kannst du kaufen – oder so selbst mischen:

Grundrezept:
- 15 g Backpulver
- 1 EL Wasser
- 30 g Farbe (Acrylfarbe, Wand- oder Holzlackfarbe)

Dieses Verhältnis 2:1 (Farbe zu Backpulver) ist ein guter Ausgangspunkt. Du kannst aber auch weniger oder mehr Backpulver verwenden.

So geht's:
- Backpulver in Wasser auflösen und gut mischen.
- Farbe deiner Wahl dazugeben (du kannst auch Farbtöne selbst zusammenmischen). Alles gut vermengen; am besten in einem Glas mit Schraubdeckel.
- Verschlossen hält die Farbe etwa 10 Tage.
- Die Farbe kann z. B. auf Holz, Karton, Glas, Keramik oder Weißblech aufgetragen werden.

Auch hierzu haben wir ein ausführliches Video gemacht:

Gießkanne aus Plastikflasche

Wenn du in den Deckel einer Plastikflasche ein paar Löcher machst, hast du eine einfache Gießkanne, um Pflanzen zu bewässern.

Die Löcher machst du dazu am besten mit einer Nadel, die du über einer Kerze kurz erwärmst. Damit du dich nicht verbrennst, kannst du das Ende der Nadel mit einer Wäscheklammer aus Holz festhalten.

Nagellackentferner mit Putzschwamm

Um Nagellack schnell und bequem zu entfernen, gibt es praktische Dosen zu kaufen, die bereits mit einem Schwamm ausgestattet sind, der in Aceton (o. Ä.) getränkt ist. Unserer Meinung nach eine hilfreiche und einfache Lösung. Aber du ahnst es, so eine Dose kann man auch problemlos selbst herstellen:

- Den groben Teil eines Putzschwamms abschneiden.
- Den Rest in 2 Stücke teilen und diese in ein kleines Marmeladenglas geben.
- Mit Nagellackentferner auffüllen und schon ist die Dose einsatzbereit.

Lippenstift aus Wachsmalstift

Sogar dekorative Kosmetik lässt sich selbst machen. Für einen farbigen Lippenstift braucht es dazu sogar nur 2 Zutaten: einen Wachsmalstift in der gewünschten Farbe und Kokosöl:

- 1–2 EL Kokosöl in ein Gefäß geben sowie einen Wachsmalstift (in kleine Stücke gebrochen).

- Über einem Wasserbad schmelzen und zwischendurch mit einem Schaschlikspieß umrühren.
- Alles nochmals gut umrühren, in ein Döschen abfüllen und aushärten lassen.
- Die Farbe danach am besten mit einem Pinsel auftragen.

Hier der Beweis als Video:

Energie sparen im Haushalt

Energie sparen kann ganz einfach sein! Es gibt viele Kleinigkeiten, mit denen du im Haushalt Strom, Wärme und Wasser sparen kannst. Wir zeigen dir in diesem Video deshalb über 30 Tipps, wie du ohne Verzicht Umwelt und Geldbörse schonen kannst:

6 PARTY UND FEIERTAGE

GEBURTSTAGE UND ANDERE FEST- ODER FEIERTAGE SOLL MAN RICHTIG FEI-
ERN. EINE SCHÖNE MÖGLICHKEIT, UM MIT DER FAMILIE ODER FREUND:INNEN
ZUSAMMENZUKOMMEN UND ES SICH GUT GEHEN ZU LASSEN. DOCH MIT
DEN FEIERN STELLEN SICH VIELE FRAGEN: WAS SOLL ICH SCHENKEN? WIE
DEKORIEREN? WAS SOLL ICH MITBRINGEN? WAS DEN GÄSTEN AUFTISCHEN?
MEIST KOMMEN DIE FRAGEN GEPAART MIT KEINER/WENIG ZEIT UND KEINEM/
WENIG GELD. MIT DEN HACKS IN DIESEM KAPITEL WOLLEN WIR MÖGLICHST
VIELE IDEEN ZEIGEN, DAMIT DU FÜR DIE NÄCHSTE FEIER ALL DEINE FRAGEN
HOFFENTLICH IM NU BEANTWORTEN KANNST UND ALLES MIT WENIG AUF-
WAND UND GERINGEN KOSTEN SCHAFFST.

Geburtstag

Obwohl Geburtstage eigentlich im Kalender stehen – sie kommen immer
schneller als erwartet. Geht dir das auch so? Egal ob unsere eigenen oder
die von Familie und Freund:innen – immer erst in letzter Minute machen wir
uns Gedanken, dass ein Geschenk ja auch noch verpackt werden soll oder
dass der spontane Besuch vielleicht auch etwas zum Knabbern haben will ...
Deshalb hier ein paar einfache, schnelle Party-Hacks und Geschenk-Tricks.

Gefrorene Weintrauben statt Eiswürfel

Wie kühlst du an heißen Tagen Getränke?
Vermutlich mit Eiswürfeln, oder? Das tun
wir grundsätzlich auch – ABER, die ver-
wässern ja das Getränk. Wenn du das
nicht möchtest, kannst du statt Eiswürfel
auch Trauben verwenden, die du zuvor
gewaschen und für ein paar Stunden ins
Eisfach gelegt hast. Und ein toller Hingucker ist es gleichzeitig auch noch.

- Blech aus dem Ofen nehmen und sofort einen halben Schaschlikspieß in die Masse drücken als Stiel für den Lutscher.
- Auskühlen lassen und fertig.

So kann sich jedes Kind seinen eigenen Lolli zusammenstellen und im Backofen zusehen, wie die Bonbons schmelzen. Wetten, der Lolli schmeckt so gleich noch viel besser?

Chips richtig aus der Dose holen

Wenn du lieber Chips aus der Dose magst, haben wir diesen Trick für dich: Statt jedes Mal mit der ganzen Hand mühsam in die Dose zu greifen, kannst du ein Stück Papier (z. B. DIN A4) nehmen, halbrund am Rand der Dose entlang hinein schieben und so die Chips aus der Packung holen.

Lollis aus Fruchtbonbons

Der Hit für die nächste Kindergeburtstagsparty, versprochen. Denn aus harten Fruchtbonbons kann man im Handumdrehen coole Lollis zubereiten:

- Dazu 1–3 Fruchtbonbons dicht nebeneinander auf ein mit Backtrennpapier belegtes Blech legen und im Backofen bei 180 Grad ca. 5 Minuten schmelzen lassen.

Pinguin-Snack

Für diese niedlichen Pinguine brauchst du schwarze Oliven (entkernt), Karotten, Mozzarella-Kugeln und Zahnstocher.

Chipstüten-Schale

Chips gehören für uns einfach zu einer Party dazu. Damit du am Schluss nicht viele Schälchen abwaschen musst, kannst du die Chipstüten direkt in Schalen verwandeln und brauchst keine aus Porzellan, Holz oder Kunststoff. Der Trick ist noch praktischer, wenn die Party draußen stattfindet – so musst du keine Schüsseln mitschleppen:

- Die Chipstüte oben öffnen und den Rand einige Zentimeter nach innen falten.
- Die unteren beiden Ecken nach innen stülpen und nach innen rollen.
- So lange rollen, bis die ersten Chips oben über den Rand ragen.

Es funktioniert wirklich ganz einfach, wie du in diesem Video sehen kannst:

Kuchen aufschneiden ohne austrocknende Schnittflächen

Du hast vermutlich (wie wir) gelernt, einen runden Kuchen so zu schneiden, dass du jeweils bis zur Mitte einen Schnitt machst und dann ein klassisches Tor-tenstück herausschneidest. Wenn der Kuchen aber nicht bald ganz aufgegessen wird, wird er an den Schnittflächen trocken. Um dies zu vermeiden, gibt's diesen Trick:

- Schneide jeweils ein längliches Mittelstück weg vom Kuchen. Anschließend kannst du die beiden Seiten zusammenschieben und hast keine offene Schnittfläche.
- Für das nächste Stück drehst du den Kuchen um 90 Grad und schneidest wiederum ein Mittelstück heraus. Damit bleiben 4 etwa gleich große Stücke übrig, die du wieder zu einem Ganzen zusammenschieben kannst.
- So kannst du fortfahren, bis nur noch 4 kleine Stücke übrig sind.
- Dieser Trick macht aus unserer Sicht aber wenig Sinn, wenn der ganze Kuchen sowieso am gleichen Tag gegessen wird.

Wie das mit dem Kuchen geht, der Trick mit der Chipsdose und weitere Dinge, die man auch anders als gelernt machen könnte, haben wir dir in diesem Video zusammengefasst:

Muffinblech als Schälchen

Wenn du viele Häppchen auftischen willst (z. B. Dips, Oliven, Gemüsesticks und Käsewürfel), brauchst du dazu viel Geschirr (welches du später wieder abwaschen musst). Viel einfacher geht's mit einem Muffinblech:

In die 12 Vertiefungen kannst du die verschiedenen Zutaten füllen und schon ist die Häppchenschale servierbereit.

Kommen wir nun zu einem häufigen Problem: Es fehlt dir an Geschenkpapier. Zum Glück gibt's auch dazu ein paar einfache Ideen:

Klorollen Geschenkverpackung

Dein Geschenk ist klein? Dann schnapp dir eine leere Klorolle und los geht's:

- Die Rolle flach drücken und den Kanten nachfahren.
- Die Enden zur Innenseite einklappen und schon hast du eine kleine verschließbare Schachtel.
- Geschenk hinein, verschließen und z. B. mit einem Geschenkband verzieren.

Geschenkverpackung aus Milchtüten

Diese Verpackung braucht etwas mehr Zeit, ist dafür aber auch vielfältig einsetzbar:

- Milchtüte (oder Fruchtsaftverpackung) auswaschen und trocknen lassen.
- Zerknautschen und anschließend die bedruckte oberste Schicht ablösen.
- Damit hast du das Basismaterial. Je nachdem wie du das Geschenk einpa-

cken willst, kannst du daraus z. B. eine Tüte formen oder Deckel und Boden wegschneiden. So erhältst du ein kleines rechteckiges Stück, welches du als Geschenkpapier verwenden kannst.

Wie wir die verschiedenen Ideen umgesetzt haben, zeigen wir in diesem Video:

Geschenk mit «zu wenig» Papier einpacken

Da hast du das perfekte Geschenkpapier für dein Präsent, aber es reicht nicht aus? Jedenfalls nicht, wenn du es klassisch einpacken würdest. Du brauchst weniger Papier, wenn du das Geschenk um 45 Grad umdrehst. So, dass die Spitzen des Papiers also nicht mit den Ecken des Geschenkes übereinstimmen.

Wie du das Ganze dann Schritt für Schritt einpacken kannst, zeigen wir dir in diesem Video:

Geschenkschleifen mit Gabel formen

Eine Geschenkschleife verleiht dem Geschenk das gewisse Etwas. Eine schöne Schleife zu formen, ist einfacher als gedacht:

Das Band einfach zweimal um die (Salatbesteck-)Gabel wickeln, das Ende mittig durch die Gabelspitzen ziehen und verknoten.

Für kleine Mehrfachschleifen aus dünnen Papiergeschenkbändern kannst du es fünf Mal durch die Gabel weben. Mit einem zweiten Stück Geschenkband (du kannst hier die Farbe variieren) wiederum in der Mitte zusammenbinden, von der Gabel nehmen, die Enden abschneiden und etwas zurechtzupfen.

Diese Schleifen eigenen sich z. B. wunderbar für kleinere Geschenke oder einen Briefumschlag.

Das ausführliche Tutorial mit den verschiedenen Schleifentricks gibt's hier:

Washi-Tape-Karten

Wenn dir eine passende Glückwunschkarte fehlt, dann mach sie doch einfach selbst. Diese Idee ist wirklich einfach:

- Verwende dafür eine Blankokarte oder ein dickeres Stück Papier.
- Schneide verschieden lange Streifen Washi Tape zurecht und klebe sie so übereinander, dass es gegen oben immer schmaler wird. Jeder Streifen bildet einen Stock der Geburtstagtorte.
- Tortenständer und Kerzen von Hand aufmalen und schon ist die Karte fertig.

Mutter-, Vatertag

Mama und Papa sind die Besten. Auch wenn, um Danke zu sagen, aus unserer Sicht nicht ein spezieller Tag dafür notwendig ist (sondern sich auch 364 weitere Tage im Jahr dafür anbieten). Hier haben wir ein paar persönliche Geschenkideen für dich – als Alternative zum obligaten Blumenstrauß oder Pralinen.

Apfelrosen aus Blätterteig

Festliche Muffins – passend zum Tag:

- Einen Apfel vierteln, Kerngehäuse entfernen und den Apfel in ganz dünne Scheiben schneiden.
- Blätterteig ausrollen und in längliche Streifen schneiden.
- Apfelscheiben überlappend auf den Teig legen.
- Mit Zimt und Zucker bestreuen.
- Teig über die Äpfel umschlagen und das Stück aufrollen.
- Die so entstandene Rose in eine ausgefettete Muffinform stellen.
- Rund 25 Minuten bei 180 Grad im Backofen backen.

Speckrosen-Blumenstrauß

Dieser Blumenstrauß ist nicht pflanzlich und sollte frisch gegessen werden:

- Tranchen von Bratspeck aufrollen und mit 1–2 Zahnstochern befestigen.
- In einer Bratpfanne die Speckrosen scharf anbraten.
- Für die letzte Minute die Zahnstocher entfernen, damit der Speck rundherum kross angebraten werden kann.
- Als Blumenstiel dienen Schaschlikspieße und als Blumengrün etwas Blattsalat.
- Die Speckrosen in einer kleinen Blumenvase anrichten und servieren.

Tomaten-Tulpenstrauß

Und gleich noch ein essbarer Blumenstrauß, diesmal vegetarisch:

- Kleine Tomaten kreuzweise bis zur Mitte einschneiden (nicht auf der Stielseite).
- Frischkäse mit Hilfe eines Dressierbeutels oder einer kleinen Tüte in die Tomaten füllen.
- Mit einem Zahnstocher beim Stielansatz ein kleines Loch stechen.
- Ein Stück Schnittlauch als Blumenstiel in das Loch stecken und die Blumen auf einer Platte anrichten.

Apfelrosen, Speckrosen, Tomatentulpen sowie weitere essbare Blumenideen haben wir in diesem Video zusammengestellt:

Herzkuchen aus Kasten- und Springform

Für einen Kuchen in Herzform gibt's extra Backformen. Du kannst aber auch eine Kastenform und eine Springform verwenden und die Herzform aus diesen beiden Kuchen zaubern:

- 2 beliebige Kuchenteige einmal in Kastenform und einmal in einer Springform backen. Ideal sind eher feste Kuchen.
- Die ausgekühlten Kuchen in der Mitte teilen.
- Die beiden länglichen Stücke nebeneinanderlegen, die beiden Halbrunden an zwei nebeneinanderliegende Seiten des entstandenen Rechtecks der länglichen Stücke.
- Falls es zufälligerweise gleich passt, top. Ansonsten die beiden halbrunden Stücke noch passend zuschneiden.
- Mit einer Creme, Frosting, Fondant oder Glasur die einzelnen Stücke zusammenkleben und das ganze Herz überziehen.

Wie wir unsere Herztorte Schritt für Schritt gemacht haben, siehst du hier:

Herzkarten stempeln

Diese Karten sehen richtig kunstvoll aus:

- Aus Papier eine Herzform ausschneiden – diese dient als Schablone.
- Die Schablone auf eine Blankokarte legen.
- Der Radiergummiaufsatz eines Bleistifts dient als Stempel: Damit Farbe rund um die Schablone stempeln.

Alternativ das Negativ der Schablone verwenden und das Herz mit dieser Stempelmethode ausfüllen.

Papierblume aus Buchseite

Eines unserer ältesten Videos – und nach wie vor eine unserer liebsten DIY-Ideen:

- Für die Papierblume brauchst du 4 Seiten eines alten Buches.
- Aus jedem Papier ein gleichgroßes Quadrat ausschneiden.
- Jedes Quadrat dreimal in der Diagonale falten.
- Die schmalen Dreieckseiten mit der Schere zu einem Halbrund schneiden.
- Ränder optional färben.
- Ein Blütenblatt-Rund bleibt ganz, bei einem schneiden wir 1 Blüte raus, bei einem 2 und bei einem 3. Nun haben wir also insgesamt 7 Teile.

- Die geschnittenen Blätter werden wieder zu einem Blütenblatt-Rund geklebt, welche automatisch nicht mehr flach sind. (Die kleinsten Papierstücke, also nur 1 oder 2 Blüten, müssen nicht zusammengeklebt werden.)
- Die Enden der Blüten mit einem Strohhalm oder einem Stift etwas einrollen.
- Nun die einzelnen Blüten der Größe nach ineinander kleben; die letzten Teile vor dem Kleben etwas einknicken, damit die Blüten nicht zu lang sind.

In diesem Video zeigen wir nochmals die einzelnen Schritte:

Rosenbadesalz

So einfach lässt sich ein edles Badesalz herstellen:

- Getrocknete Rosenblüten (oder kleine, getrocknete Blütenknospen) mit einigen Tropfen ätherischem Rosen-Öl beträufeln, damit der Duft intensiver wird.
- Grobes Meersalz beigeben und mischen; das Mischverhältnis kannst du selbst bestimmen.
- In ein luftdichtes Glas füllen und eventuell noch dekorieren.

Flaschenverpackung aus Hemd und Krawatte

Um einer Flasche als Mitbringsel das gewisse Extra zu verleihen:

- Den Ärmel eines alten Hemdes in der Länge der Flasche zuschneiden.
- Auf links drehen und die Unterseite zunähen (von Hand reicht aus).
- Auf rechts drehen, Flasche reinstellen und die Manschette drapieren.
- Optional ein Stück einer alten Krawatte abschneiden und als kleine Krawatte um die Manschette binden.

Damit wird sogar eine einfache Flasche zu einem individuellen und persönlichen Geschenk.

Valentinstag

Für den Tag der Liebe haben wir ein paar kleine DIY-Ideen und Kuchen. Denn Kuchen darf bei uns nie fehlen.

Liebesbotschaft in Wäscheklammer

Dieses DIY hat Lifehackerin-Geschichte geschrieben, denn es war das allererste Video, welches wir am 14.2.2015 veröffentlicht haben. Die Idee gefällt uns immer noch sehr gut. Wir hoffen, sie überzeugt auch dich:

- Aus etwas dickerem Papier ein Stück (so breit wie die Wäscheklammer) schneiden.
- Einen Briefumschlag aufmalen und beiseitelegen.
- Wäscheklammer gespreizt seitlich auf das Papier legen und den Zwischenraum auf dem Papier nachzeichnen.
- An beiden langen Seiten ein etwa 1 cm breites Stück dazu geben und ausschneiden.
- Den Linien entlang sowie in der Mitte einen Falz machen.
- In die Mitte die Botschaft schreiben und mit Kleber in die Wäscheklammer kleben.
- Den Briefumschlag in der Mitte durchschneiden und auf die Außenseiten der Wäscheklammer kleben.

Hier zum Nachschauen; das allererste Video der Lifehackerin:

Herzkarte

Dieser Hack ist Karte und Umschlag in einem. An der Lasche ziehen und die Nachricht wird sichtbar. Gefaltet aus einem A4 Papier. Und wiederum ohne Schere, Kleber oder Lineal.

Die Schritt-für-Schritt-Anleitung sowie 2 weitere Herzkarten-Ideen haben wir in diesem Video aufbereitet:

Rose aus Taschentuch

Dafür brauchst du tatsächlich nur ein Papiertaschentuch. Keine Schere, keinen Kleber, nichts. Nur ein Taschentuch und etwas Fingerfertigkeit:

- Eine Papierlage abziehen.
- Den oberen Rand leicht einrollen.
- Taschentuch zwischen Zeige- und Mittelfinger einklemmen und rundherum wickeln.
- Mit der anderen Hand unter den Fingern zusammendrücken und die Finger herausziehen.
- Den unteren Teil als Stiel dünn eindrehen und etwa in der Hälfte mit einem Stück der Unterseite ein Blatt formen.
- Dieses miteindrehen und den Rest bis zum Schluss fertig eindrehen.
- Die Blüte noch etwas zurechtzupfen.

Noch einfacher ist es, wenn du dir das Videotutorial dazu anschaust:

Herzmuffins

Kuchen geht immer – erst recht in Herzform. Dazu braucht's keine spezielle
Form, sondern ein klassisches Muffinblech und Muffinpapierchen:

- Muffinteig nach Wahl zubereiten und
  in die Papierchen im Blech füllen.
  Allerdings eher etwas weniger Teig
  pro Förmchen als für runde Muffins
  verwenden.

- Aus Alufolie pro Muffin eine etwas größere und zwei kleine Kugeln formen.
- Kugeln zwischen Papierform und Muffinblech klemmen: Die große Kugel
  oben für die Herzeinbuchtung, die
  kleinen auf der Seite, damit die Her-
  zen nicht zu bauchig werden und eher
  spitz zusammenlaufen.
- Muffins wie gewohnt backen.

Seifenrosen selbst machen

Da Seife relativ weich ist, kann man sie gut bearbeiten; mit einem Messer oder mit einem Sparschäler:

- Mit dem Sparschäler auf der dünnen langen Seite der Seife einige Streifen abziehen, die sich automatisch zusammenrollen.
- Die inneren Blumenblätter noch enger rollen; dazu die Stücke kurz über ein Wasserbad legen, damit sie durch die Wärme noch geschmeidiger werden und sich besser formen lassen.
- Mehrere Stücke ineinanderlegen, damit eine ganze Rosenblüte entsteht.
- Die ganze Rose nochmals über das Wasserbad stellen und anschließend die Unterseite leicht zusammendrücken, damit sie zusammenhält.

Diese und weitere Seifen-Ideen gibt's in diesem Video:

Weihnachten

Wir lieben Weihnachten. Mit allem, was dazu gehört. Besonders Ina könnte schon nach dem Sommer mit Dekorieren beginnen und würde den Weihnachtsbaum am liebsten bis Ostern stehen lassen. Für uns ist die Weihnachtszeit auch die Hauptsaison des Selbermachens – Adventskalender, Deko, Geschenke, Geschenkkarten und natürlich Plätzchen backen. Und zu all dem haben wir ebenfalls Tipps und Tricks.

Plätzchen ausrollen mit Flasche

Wenn mal kein Nudelholz vorhanden ist – einfach eine Glasflasche nehmen und damit den Teig ausrollen.

Weihnachtsplätzchen mit Spitzen prägen

Mit Spitze können Muster auf die Plätzchen gezaubert werden; ähnlich wie mit Prägeausstecher, Keks-Stempel oder einem Motiv-Nudelholz. Mit dem Unterschied, dass es eben keine speziellen Utensilien braucht. Die saubere Spitze dazu auf den ausgerollten Teig legen und mit dem Nudelholz erneut darüber rollen. Danach mit einem Ausstecher oder Messer Formen ausschneiden und wie gewohnt backen.

DIY-Plätzchen Verpackung

3 einfache und schnelle Ideen, wie du die selbstgemachten Plätzchen auch in einer selbstgemachten Verpackung verschenken kannst. Aus einem Pappteller, einem Pappbecher oder einer leeren schmalen Kartonverpackung.

Hier ein kurzes Video zu den 3 Ideen:

Essbare Weihnachtsdeko

Statt ein klassisches Lebkuchenhäuschen haben wir eines aus Butterkeksen gemacht. Ein Tannenbaum aus einer Eiswaffel, ein Schneemann aus Raffaelokugeln, Tannzapfen aus Schokoflakes, Weihnachtskugeln aus Gelatine und eine Schneelandschaft aus Kokosraspeln komplettieren die winterliche Weihnachtsdeko, die nicht nur großartig aussieht, sondern auch vollständig essbar ist.

Falls du die Idee als Ganzes oder einzelne Bestandteile daraus nachmachen möchtest, haben wir hier ein ausführliches Videotutorial dazu:

Zum Thema «Adventskalender» könn-
ten wir problemlos ein eigenes Kapitel schreiben. Wir beschränken uns hier
auf 3 Ideen und verweisen am Ende auf
weitere.

Adventskalenderhaus aus Klorollen

24 Klorollen, Pappe und Packpapier, das
sind die Bestandteile dieses Hauses:

- Die Zahlen 1–24 auf das Packpapier
  schreiben.
- Klorollen auf die Zahlen kleben und
  ausschneiden.
- Die Rollen mit kleinen Geschenken füllen und auf ein Stück Pappe kleben.
- Mit weiterer Pappe ein Dach basteln
  und auf das Haus setzen.
- Zum Öffnen mit dem Finger jeweils das
  entsprechende Packpapierstück durch-
  stechen.

Flüssiger Adventskalender

Auf einer Glasflasche 24 Markierungen
und Zahlen anbringen und mit einer
passenden Flüssigkeit füllen. Zum Beispiel mit selbstgemachtem Sirup. Schon
ist der Adventskalender fertig. Geöffnet
werden die «Türchen», indem jeden Tag
bis zur Markierung von der Flüssigkeit
getrunken werden darf.

Toffifee Adventskalender

Eine 24er-Packung Toffifee (würde auch mit anderen Lebensmitteln funktionieren, die es in 24er-Packungen gibt) mit den Zahlen 1–24 beschriften. Dafür einen Lebensmittel- oder Zuckerstift verwenden.

Diese beiden und weitere schnelle Adventskalenderideen zum Selbstmachen haben wir in diesem Video für dich zusammengestellt:

Mini-Adventskranz aus Streichholzschachtel

Der wohl kleinste Adventskranz der Welt:

- Eine Streichholzschachtel bemalen oder bekleben.
- In die Oberseite 4 kleine Löcher stechen.
- 4 Geburtstagskerzen mit Halter anbringen – und schon ist der Adventskranz fertig.
- Die Kerzen und Halter finden im Falle eines Transports übrigens in der Streichholzschachtel Platz.

Nikolausstiefel selbst basteln

Einen selbstgebastelten Stiefel füllt Nikolaus sicher gerne mit Leckereien. Die Grundform basteln wir aus einer Plastikflasche, welche wir anschließend mit Zeitungspapier und Haushaltspapier überkleistern und bemalen.

Das Videotutorial dazu gibt's hier:

Papiertüten-Sterne

Einen Weihnachtsstern in 2 Minuten basteln? Das geht! Dank Butterbrot-Tüten:

- 7 Papiertüten mit etwas Kleber am unteren Rand und in der Mitte zusammenkleben.
- Zur Öffnung hin eine Spitze einzeichnen und zuschneiden.
- Tüten aufklappen, dann Anfang und Ende zueinander ziehen – schon haben wir den Stern.
- Die Enden zusammenkleben oder ein kleines Loch machen, mit Faden zusammenbinden und aufhängen.

Zitrusfruchtschale-Sterne

Eine Nummer kleiner sind diese großartigen Sterne – die dafür herrlich duften:

- Aus der Schale von Zitrusfrüchten Sterne ausstechen.
- Mit einem Nagel je 2 Löcher in die Sterne machen.
- Zwischen 2 Stücke Backpapier legen und mit einem Buch beschwert 2–3 Tage trocknen lassen.
- Die getrockneten Sterne auf einen Faden aufziehen und aufhängen.

Orangenlampe

Ein stimmungsvolles Licht für kalte Winterabende, welches allerdings nie ohne Aufsicht brennen sollte:

- Eine Orange halbieren und das Fruchtfleisch vorsichtig aus der Schale entfernen.
- Mit einem Ausstecher aus dem Deckel ein möglichst großes Loch (z. B. Sternenform) ausstechen, damit später die Hitze entweichen kann.
- Boden auf eine feuerfeste Unterlage stellen.
- Teelicht in den Boden stellen und anzünden.
- Deckel drüber und fertig ist die stimmungsvolle Lampe.

Zeitungstannenbäumchen

Dazu brauchst du Zeitungspapier, einen Schaschlikspieß und einen Korken:

- Korken der Länge nach halbieren und in die Mitte ein kleines Loch bohren.
- Schaschlikspieß mit der stumpfen Seite in den Korken stecken.
- Aus Zeitungspapier – je nach Variante – unterschiedlich große Quadrate oder Streifen ausschneiden, diese aufspießen und zu einem Tannenbaum drapieren.

Weinglas-Kerzenständer

- Auf Pappe einen Kreis in der Größe des Weinglases einzeichnen und ausschneiden.
- Pappe mit Dekofiguren bekleben.
- In das Glas etwas Kunstschnee geben und die Pappe mit den Figuren kopfüber ins Glas kleben.
- Umdrehen und Kerze auf den Glasboden stellen.

Serviette als Tannenbaum

Auch die Serviette kann zu einem Tannenbaum gefaltet werden. Als Baumstamm dient eine Zimtstange.

Das Bearbeiten der Serviette sowie auch des Zeitungstannenbäumchens, des Weinglas-Kerzenständers und weitere Tannenbaum-Ideen zeigen wir in diesem Video:

Weihnachtskranz aus Weihnachtskugeln

Weihnachtskugeln verzieren nicht nur den Tannenbaum, sondern können z. B. als Kranz gebunden auch die Haustür schmücken. Als Gerüst kann ein Drahtkleiderbügel verwendet werden, der mit einer Zange geöffnet zu einem Kreis gebogen wird. Die Kugeln vorsichtig auffädeln. Das eine Drahtende zu einem Haken formen und so am anderen Ende befestigen.

Weihnachtskarten mit alten Knöpfen

Mit Knöpfen und wenigen Strichen lassen sich großartige Karten basteln – auch wenn man kein:e talentierte:r Zeichner:in ist.

Die Knopfkarten und weitere einfache Weihnachtskarten-Ideen haben wir hier für dich:

Silvester

Silvester kommt so kurz nach Weihnachten – und da kaum jemand vor Weihnachten bereits an Silvester denkt, gibt's hier einfache Ideen für den Silvesterabend, die schnell umgesetzt sind und keine große Vorbereitung brauchen.

Glückskekse aus Papier

Statt Glückskekse aus Teig zu backen, basteln wir welche aus Papier:

- Aus farbigem Papier Kreise ausschneiden.
- Auf separate Papierstreifen die Glückwünsche oder Sprüche schreiben und je einen Streifen in einen Kreis legen.
- Den Kreis in 3 Teile klappen (aber nicht falten), in der Mitte zudrücken und die Seiten nach unten klappen.
- Zwischen die beiden heruntergeklappten Seiten etwas Kleber geben und kurz zusammendrücken – damit der Kleber trocknen kann und der Glückskeks hält.

Chips- und Saucenschale in einem

Mit diesem Trick sind Chips und Dip-Sauce immer nah beieinander und ihr müsst das eine oder andere nicht separat suchen bei eurer Party. Die Dip-Sauce wird dazu in ein Weinglas gefüllt. Das Glas in eine leere (Salat-)Schüssel gestellt und mit Chips aufgefüllt. Praktisch oder?

Wachs gießen

Bleigießen war bei uns viele Jahre lang Usus. Inzwischen sind die Bleigieß-Sets in der EU verboten. Um nicht auf die schöne Orakel-Tradition verzichten zu müssen, verwenden wir nun einfach Kerzenwachsreste (von Weihnachten) anstatt Blei:

- Kerzenreste kleinschneiden und schmelzen.
- Das flüssige Wachs in kleine Formen gießen (z. B. kleine Keksausstecher) und aushärten lassen.
- Die Wachsformen an Silvester – wie die Bleiformen – über einer Kerze schmelzen und in eine Schüssel mit Wasser kippen.
- Danach die Formen deuten.

Flasche in Ananas verwandeln

Statt die Sektflasche einfach so mitzubringen, kannst du sie mit Schokoladenkugeln in eine Ananas verwandeln. So gibt's um Mitternacht gleich noch was Süßes zum Anstoßen dazu:

- Aus orangem/gelbem Seiden- oder Krepppapier Quadrate ausschneiden.
- Goldene Schokokugeln jeweils auf ein Papier kleben.
- Diese von unten nach oben dicht nebeneinander an die Flasche kleben.
- Den Flaschenhals mit Blättern aus grünem Seiden- oder Krepppapier bekleben.
- Den Übergang von Schokolade zu Blättern mit Bast umwickeln.

All diese Silvester-Hacks und weitere Ideen für den letzten Abend im Jahr gibt's in diesem Video:

Rubbellos-Karten

Für die Glückwunschkarte fürs neue Jahr haben wir diese spezielle Idee:

- Eine Karte mit Spruch gestalten.
- Den Spruch mit Tesafilm überkleben.
- 2 Teile Acrylfarbe mit 1 Teil Spüli mischen.

- Damit den Tesafilm dick übermalen und trocknen lassen.
- Der bemalte Teil kann später mit einem Geldstück weggerubbelt werden.

Unser Videotutorial für die Rubbellos-Karten gibt's hier:

Ostern

Ostern ist ebenfalls Lifehack-Hochsaison, weil man rund um Osternester, Eierfärben & Co. unglaublich viel machen kann.

Eierfärben mit Rührbesen

Damit die Finger nicht farbig werden, kann beim Eierfärben im Farbsud ein Rührbesen zur Hilfe genommen werden.

Eierglanz dank Öl

Damit die selbst gefärbten Ostereier richtig schön glänzen, am Schluss mit wenig Speiseöl einreiben.

Eier färben mit Krepppapier

Eine einfache und dennoch sehr kunstvolle Art, die Eier zu färben. Auch super geeignet mit kleinen Kindern. Wichtig ist nur, dass du Papier verwendest, welches färbt. (Es gibt inzwischen auch Krepp- und Seidenpapier, welches nicht färbt.):

- Verschiedenfarbiges Krepp- oder Seidenpapier in kleine Stücke schneiden oder reißen.
- Handschuhe anziehen, sonst sind danach nicht nur die Eier gefärbt.
- Eine Schüssel mit Wasser und einem Schuss Essig bereitstellen.
- Die Papierchen nun jeweils kurz darin tunken und auf den bereits hart ge-

kochten Eiern kreuz und quer drapieren, bis die Eier vollständig mit Papier überzogen sind.
- Einige Zeit trocknen lassen, danach die Papierchen wieder entfernen.
- Das Ergebnis sind bunte Unikate.

Eiernachricht

Der Glückskeks für Ostern:

- Ei ausblasen und spülen.
- Das Ei anschließend bemalen und trocknen lassen.
- Die Nachricht auf ein kleines Zettelchen schreiben und dünn einrollen.
- Diese durch die Öffnung vom Ausblasen ins Ei stecken.

Eier färben mit Lebensmittel-/ Naturfarben

Der Klassiker sind Zwiebelschalen. Aber auch Rotkohl und Kurkumapulver färben richtig gut. Rotkohl (= Blaukraut) ergibt blaue Eier, Kurkumapulver gelbe und die Schale von roten Zwiebeln rotbraune Eier. Für grüne Eier baden wir diese zuerst im gelben Farbsud und anschließend für kürzere Zeit im blauen:

- Aus dem gewünschten Lebensmittel und Wasser einen Farbsud kochen.
- Farbsud in Glasbehälter (z. B. Gurkengläser füllen) und etwas Essig dazu fügen.
- Eier hart kochen und in den Farbsud geben.
- Optional zuvor Gräser auf die Eier legen und mit einem Stück Nylonstrumpf fixieren. Die Eier so in den Farbsud legen.

- Helle Pastelltöne werden schon nach 15–30 Minuten erzielt. Für intensivere Farbtöne 2 Stunden oder über Nacht im Farbsud lassen.
- Danach aus dem Farbsud nehmen und abtrocknen.
- Das Ergebnis unterscheidet sich deutlich zwischen weißen und braunen Eiern.
- Optional kann mit Zitronensäure oder Essig und einem Wattestäbchen die Farbe an gewissen Stellen wieder weggeätzt werden. So können Muster aufgemalt werden.

Das ausführliche Videotutorial dazu findest du hier:

Osternest aus Toilettenpapier

Diese Osternester bestehen tatsächlich nur aus Toilettenpapier und Wasser. Es wird kein Kleber oder Ähnliches gebraucht:

- Als Form einen Luftballon oder eine Schüssel verwenden.
- Pro Osternest braucht's etwa 20 Blatt Toilettenpapier.
- Dieses mit Hilfe von Wasser in mehreren Schichten auf den Ballon oder die Schüssel kleben und trocknen lassen.
- Später den Ballon entfernen und die endgültige Form zuschneiden

Hier siehst du die Entstehung auch nochmals als Video:

Löffeleier
aus Überraschungseiern

- Den oberen Teil der Überraschungseier (oder anderer hohler Eier) abschneiden.
- Aus Frischkäse, Puderzucker, Zitronensaft und geschlagener Sahne eine leckere Creme zubereiten.
- Mit einem Spritzbeutel in die Eier füllen.
- In der Mitte eine kleine Mulde formen und etwas gelbe Marmelade hineingeben.

Kuchen im Ei

Dieser Kuchen wird direkt im Ei gebacken:

- Eine kleine Menge Rührkuchenteig
  deiner Wahl zubereiten.
- 6 Eier ausblasen, waschen und die
  obere Öffnung etwas vergrößern.
- Aus Alufolie kleine Ringe formen und
  in ein Muffinblech geben.
- Die Eierschalen mit etwas Öl ausfetten
  und auf die Ringe stellen.
- Kuchenteig mit einem Spritzbeutel in
  die Eierschalen füllen. Platz lassen, da
  der Teig noch aufgehen wird.
- Rund 15–20 Minuten bei 180 Grad
  backen.

Eiernachricht, Löffeleier, Kuchen im Ei und weitere
Eier-Ideen für Ostern findest du in diesem Video:

Schokoeier im Woll-Nest

Huch, wie sind denn die Schokoeier da
reingekommen? Ganz einfach – direkt
zu Beginn:

- 3–5 Schokoladeneier in einen Luftballon stecken und diesen aufpusten.
- Bastelkleber mit wenig Wasser und
  eventuell etwas Farbe mischen.
- Wollgarn ins Bastelkleber-Farb-Ge-
  misch tunken und kreuz und quer um
  den Ballon wickeln.
- Wollgarn abschneiden und Ballon zum
  Trocknen aufhängen.
- Wenn das Garn trocken ist, den Ballon mit einer Schere platzen lassen und
  Stück für Stück aus dem Wollei entfernen.

Video gefällig? Bitte sehr:

Osternest aus Papiertüte

Ist dieses Osternest nicht süß? Und das Beste: Es ist schnell und einfach gemacht:

- Auf einer Papiertüte die Hasenohren einzeichnen und den Mittelteil weg-schneiden.
- Tüte füllen.
- Die Tüten unterhalb der Ohren mit einer Kordel zusammenbinden.
- Ein kleiner Wattebausch als Blume (= Schwanz des Hasen) an die Tüte kleben.

Osternest aus Marmeladenglas

Auch dieses Osternest ist an Einfachheit kaum zu überbieten:

- Einen Gummihasen auf den Deckel eines Marmeladenglases kleben.
- Deckel und Hasen mit Farbe besprü-hen und trocknen lassen.
- Das Marmeladenglas befüllen und zum Schluss den Deckel draufschrau-ben.

Diese beiden und weitere schnelle Osternestideen gibt's in diesem Video:

Essbares Schokoosternest mit Ostergras

Sieht komplizierter aus, als es ist. Versprochen:

- Schokolade über dem Wasserbad schmelzen.
- Luftballons in der gewünschten Größe aufblasen.
- Ballons in die etwas ausgekühlte Schokolade tauchen und zum Trocknen auf einen Klecks Schokolade stellen.
- Wenn die Schokolade fest geworden ist, Ballons platzen lassen und entfernen.
- Grünes Marzipan durch eine Knoblauchpresse pressen und als Ostergras in die Schalen legen.

- Zum Schluss noch Zucker- oder Schokoladeneier in das Osternest legen.

Diese und weitere essbare Osternestideen (Hefekranz und Spaghetti-Nest) gibt's hier als Video:

Karottenbeet-Kuchen

- Einen flachen Rührkuchen mit orangener Lebensmittelfarbe backen.
- Anschließend lang gezogene Dreiecke daraus schneiden.
- Teig für Schokoladenkuchen zubereiten und etwas davon auf dem Boden einer Kastenform verteilen.
- In der Mitte die orangenen Dreiecke dicht aneinander aufreihen.
- Die Seiten mit dem restlichen Teig auffüllen und den Kuchen backen.
- Das Finish machen Ganache, zerbröselte dunkle Kekse sowie Karottengrün aus Fondant oder Marzipan.

Das Video zum Kuchen gibt's hier:

Kuchen aus Osterhasenresten

Nach Ostern kann man Schokolade manchmal nicht mehr sehen. Aus den Schokohasen kann z. B. ein leckerer Kuchen gebacken werden. Der Clou: Ein Teil kommt dabei kleingeschnitten rein, den anderen setzen wir am Schluss auf den noch warmen Kuchen, sodass dieser als Tortenüberzug schmilzt und dabei aber noch zu sehen ist, was es mal war.

Halloween

Halloween schreit förmlich nach gruseligen Getränken und Snacks – da kann man sich richtig kreativ austoben.

Getränke:

Blutspritze

Tomatensaft hat eine dickliche Konsistenz – und ist rot. Daher das passende Lebensmittel, um Blut zu symbolisieren. Für zusätzlichen Gruseleffekt ziehen wir Spritzen damit auf. Diese können später direkt in den Mund gespritzt werden.

Mumiengetränk

Diese Idee ist eher cute als gruselig, aber dennoch sehr passend für Halloween.

Kleine Saftpackungen mit Wackelaugen bekleben, Trinkhalm reinstecken und mit Verbandsmaterial umwickeln.

Schlangenblut

Eher wieder gruseliger wird's mit diesem Getränk. Getränk deiner Wahl in Gläser füllen und süße Gummischlangen dazu geben. Mit roter Lebensmittelfarbe den Glasrand verzieren.

Grusel-Augen

- Eier hart kochen und anschließend abschrecken.
- Einen Sud aus Schwarztee, Sojasauce und Zimtstange aufkochen.
- Mit einem Löffel vorsichtig auf die Eierschale klopfen, damit kleine Risse entstehen, die Schale aber nicht abfällt.
- Eier in den Sud legen und etwa eine Stunde ziehen lassen.
- Danach schälen. Durch die Risse hat der Sud die Eier marmoriert und es sieht aus wie kleine Äderchen im Auge.
- Augen in der Mitte teilen.
- Aus Oliven Iris und Pupillen schneiden, dann mit einem Klecks Mayo auf die Eihälften legen.

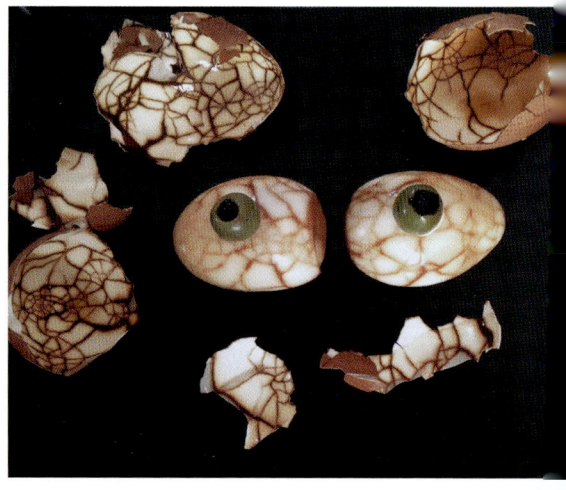

Mumienwürstchen

- In Würstchen (Wiener, Frankfurter, ...) Beine und Arme einschneiden.
- Unregelmäßig mit dünnen Blätterteig-streifen umwickeln und im Backofen kurz backen.
- Mit Senf (als «Eiter») oder Ketchup (als «Blut») servieren.

Alle Grusel-Snacks gibt's auch als Video:

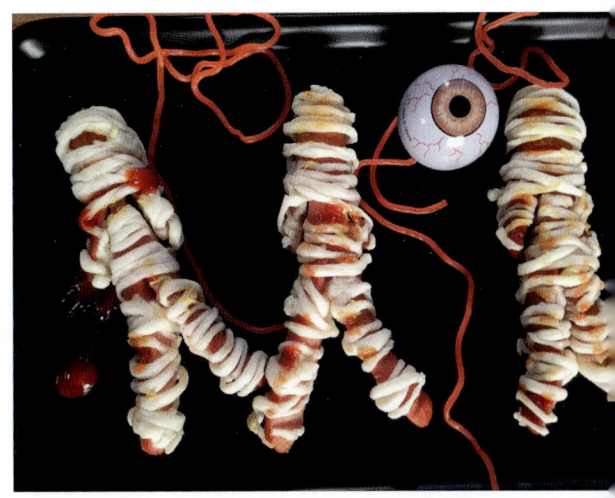

7 FAMILIENALLTAG

DER ALLTAG BRINGT SELBST OHNE SPEZIELLE EREIGNISSE UND ZWISCHEN-FÄLLE GENUG HERAUSFORDERUNGEN MIT SICH. EGAL OB MIT ODER OHNE KINDER; ÜBERALL LAUERT UNVORHERGESEHENES, MAN MUSS SPONTAN AUF SITUATIONEN REAGIEREN. IM VORTEIL IST, WER EIN GROSSES SAMMEL-SURIUM AN TRICKS AUF LAGER HAT, UM AUS JEDER SITUATION DAS BESTE ZU MACHEN.

Besser leben

Sich bei Alltagsproblemen weniger aufregen und schneller eine einfache Lösung bereit haben, das ist das Ziel bei diesen Hacks.

Lufterfrischer fürs WC

Es braucht nicht zwingend ein Diffu-sor, damit es im Badezimmer gut riecht. Ein paar Tropfen ätherisches Öl auf die Innenseite einer Klorolle reichen, um jedes Mal bei Gebrauch (durch die Rei-bung der Rolle an der Halterung) etwas Duft freizusetzen.

Hausmittel gegen übelriechende Schuhe

Kein Witz: Vodka, Backpulver/Natron, Zimtstange, alte Teebeutel, Kreide oder Trocknertücher helfen alle gegen Schweißgeruch in den Schuhen. Einfach über Nacht in den Schuh geben oder im Fall von Vodka mit Wasser mischen und mit einem Zerstäuber einsprühen – und am nächsten Tag riechen die Schuhe nicht mehr so streng.

Fruchtfliegen-Fallen

Im Sommer hat man fast keine Chance, die Fruchtfliegen sind sofort da. Zum Glück gibt's aber einfache Fallen, die man sich selbst bauen kann.

Grundsätzlich brauchen wir zum Anlocken einen süßen, leicht vergorenen Geruch und zusätzlich etwas, das die Fliegen fängt und nicht mehr davonschwirren lässt. Hier gleich 3 verschiedene Varianten:

- 3 Teile Fruchtsaft mit 1 Teil Essig und ein paar Tropfen Spüli mischen.
- Den letzten Schluck Bier in der Flasche lassen und ebenfalls ein paar Tropfen Spüli dazu geben.
- Fruchtabfälle in eine kleine Schüssel geben, mit Klarsichtfolie zudecken und ein paar kleine Löcher rein machen.

Unser Fruchtfliegen-Video gibt's hier:

man mit einem Stück Toilettenpapier zerdrücken. Alternativ kann eine ungiftige Falle aus Honig oder aus Backpulver und Zucker aufgestellt werden. Honig und Zucker funktionieren beide als Lockstoff. Beim Honig bleiben sie kleben und kommen nicht mehr weg. Und Backpulver quillt im Innern auf und tötet so die Silberfische.

Tipps und Tricks zu Silberfischen im Video gibt's hier:

Hartplastikverpackung öffnen

Die wohl schwierigste Verpackung, die es zu öffnen gibt. Mit einer großen Schere und genug Kraft kann man sie meist öffnen. Einfacher geht's hingegen mit einem Dosenöffner.

Langes Streichholz

Um die Finger beim Anzünden einer Kerze in einem hohen Gefäß nicht zu verbrennen, kannst du eine Spaghetti verwenden. Die Spitze mit einem Feuerzeug anzünden und damit den Kerzendocht entflammen.

Silberfische bekämpfen

Silberfische lieben ein warmes, feuchtes Klima. Der beste Tipp gegen Silberfische lautet daher: Lüften und darauf achten, dass keine zu hohe Luftfeuchtigkeit herrscht. Einzelne Silberfische kann

Plastikverpackung öffnen

Auch Plastiktüten (z. B. von Nüssen) wollen sich manchmal einfach nicht öffnen lassen. Hier helfen 2 Münzen. Diese von beiden Seiten leicht überlappend gegeneinanderdrücken und schon reißt die Packung auf.

Diese beiden und weitere Entpackungs-Hacks gibt's hier:

Reisen

Nicht nur in den eigenen vier Wänden sind Lifehacks nützlich, sondern auch unterwegs. Im Auto oder im Urlaub kann es nicht schaden, den einen oder anderen Trick zu kennen. Einige unserer Tipps sind ein Must-have für Reiseprofis.

Packen für eine Nacht (passt alles in ein gerolltes T-Shirt)

Kurz weg für eine Nacht – da braucht's nicht zwingend einen Koffer, um Schlaf-

Shirt, frische Unterwäsche, Zahnbürste, Zahnpasta, Deo und Co. einzupacken. Ein kompaktes Bündel wird daraus, wenn du alle Sachen ins T-Shirt rollst und die Socken darüber stülpst.

Wespenschutz für Getränke

Besonders zuckerhaltige Getränke locken im Sommer auch Wespen an. Damit diese nicht ins Glas hinein können und du dennoch dein Getränk zu dir nehmen kannst, kannst du ein Muffinpapier über das Glas stülpen. In die Mitte kommt ein Strohhalm, damit du dein Getränk unbesorgt genießen kannst.

Geldversteck am Strand

Um Geld oder andere Wertsachen zu tarnen, die man mit an den Strand nimmt, lassen sich aus einem leeren Lippenstift oder einer Duschmittelflasche super Verstecke basteln.

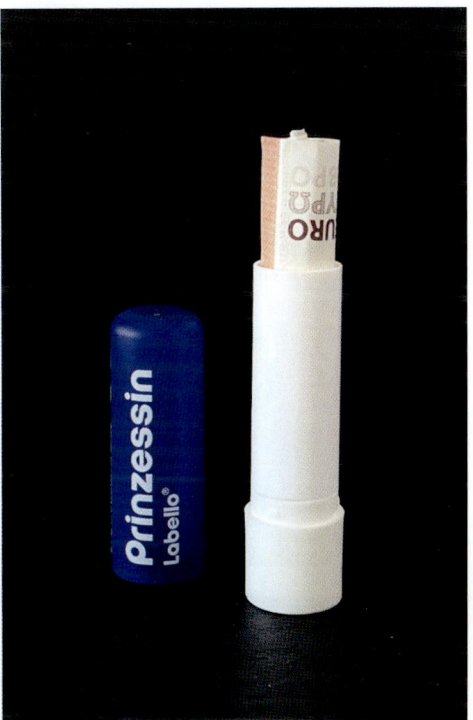

Getränk kühl halten

Wasserflasche in eine nasse Socke stecken und schon bleibt das Getränk länger kühl. Dieser Trick ist z. B. für den Strandurlaub sehr praktisch.

147

Tropfschutz für Eis am Stil

Das Muffinpapier ist auch hier die Lösung: Einfach den Eisstiel durchstecken und zwischen Eis und Hand platzieren.

Anti-Mücken-Spray

Mücken können einem den Sommer echt vermiesen. Damit sie dir nicht zu nahe kommen, empfehlen wir dir, dich mit Anti-Mücken-Spray einzusprühen – aber nicht mit irgendeinem, sondern einem selbstgemachten.

4 EL Alkohol (70 %) aus der Apotheke mit 5 Tropfen ätherischem Öl (z. B. Citronella) mischen und mit Wasser auf 100 ml auffüllen.

In einen Zerstäuber füllen und sich damit Arme, Beine und gegebenenfalls Dekolleté sowie Hals regelmäßig einsprühen.

Weitere Tipps gegen Mücken und Mückenstiche haben wir in diesem Video für dich:

Falls du Urlaub im Freien planst, haben wir folgende Lagerfeuer-Ideen für dich, damit es nicht nur Wurst und Stockbrot zu essen gibt.

Popcorn von der Feuerstelle

- Eine Handvoll Maiskörner und etwas Öl auf ein Stück Alufolie geben.
- Mit einem zweiten Stück Alufolie bedecken und rundherum zu einem Kissen verschließen.
- Das Kissen so auf die Glut legen und warten, bis es ploppt.
- Von der Feuerstelle nehmen, wenn es nicht mehr ploppt, salzen (oder zuckern) und genießen.

Toast Hawaii aus der Glut

Die leckersten Toasts werden am Lagerfeuer gemacht. Dazu 2 Stück Toastbrot nach Belieben belegen, zusammenklappen und in Alufolie einpacken. So für rund 10 Minuten in die Glut legen. Danach vorsichtig mit 2 Holzstöcken aus der Feuerstelle nehmen und etwas abkühlen lassen, bevor das leckere Abendbrot gegessen werden kann.

Schoko-Banane aus der Glut

Ein leckeres Dessert, das ganz einfach auf dem Grill oder der Feuerstelle zubereitet werden kann:

- Banane der Länge nach samt Schale einschneiden.
- In den Spalt Schokolade geben.
- Direkt mit Schale in die Glut setzen.
- Wenn die Schokolade geschmolzen ist, vorsichtig von der Feuerstelle nehmen und genießen.

Weitere Grill-Hacks gibt's im Kapitel 3 > «Grill-Hacks».

Kommen wir nun zu cleveren Tipps und Tricks, wenn du mit dem Auto unterwegs bist.

Kühles Lenkrad

Wenn du in der prallen Sonne parkst, empfiehlt es sich, das Lenkrad um 180 Grad zu drehen, bevor du aussteigst. Wenn du zurückkommst, ist der obere Teil zwar sehr heiß, der untere war jedoch im Schatten und ist daher deutlich kühler. Nun also wieder umdrehen und du hast den kühleren Teil zum Anfassen.

Praktischer Getränkeöffner

Kein Flaschenöffner dabei? Dann tut's die Schnalle der Sicherheitsgurte definitiv auch.

Angenehmer Duft im Auto

Ein paar Tropfen ätherisches Öl auf eine Wäscheklammer aus Holz geben und an der Lüftung im Auto befestigen. Die Luft strömt daran vorbei und verteilt so den Duft im ganzen Auto.

Sitzposition markieren

Mehrere Autolenker:innen benutzen dasselbe Auto und die jeweiligen Sitzpositionen lassen sich nicht abspeichern? Mit Washi Tape markieren – und das Einstellen wird zum Kinderspiel.

Diese und weitere Auto-Hacks gibt's in diesem Video:

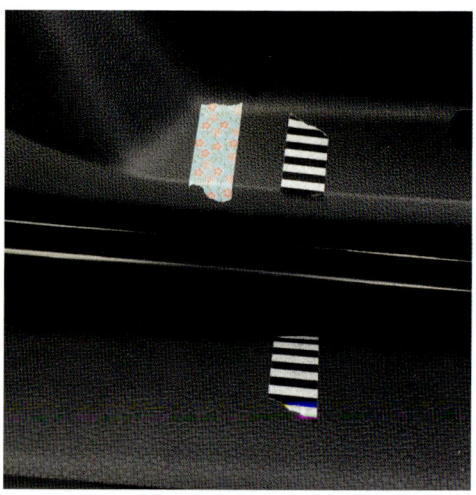

Eine längere Fahrt mit Kindern kann ganz schön anstrengend sein. Da ist es gut, hat man den einen oder anderen Lifehack im Ärmel.

Feuchttücher Vorrat an Sonnenblende

Mit 2 Haargummis befestigt, sind so die Feuchttücher immer griffbereit.

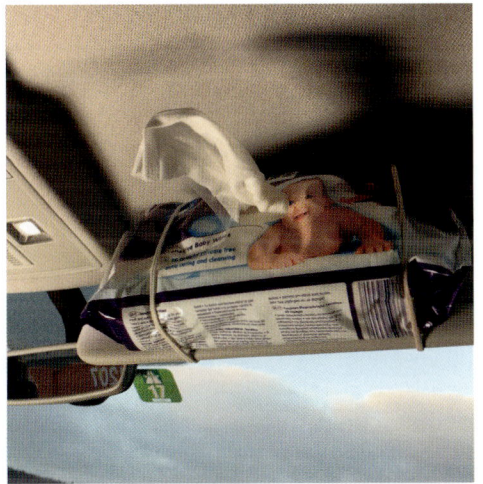

Auto-Mülleimer aus Müslibox

Damit auf langen Fahrten das Auto ordentlich bleibt.

Papier- und Stiftbox

Egal ob im Auto, der Bahn oder im Bus: Mit dieser Box aus einer alten DVD-Hülle kann überall geschrieben und gemalt werden.

Legobox für unterwegs

Auf eine Tupperdose eine Legoplatte kleben, so kann auch unterwegs mit den Bausteinen gespielt werden.

Diese und weitere Tipps und Tricks für Autofahrten mit Kindern gibt's in diesem Video:

Würfelaugen auf Bleistift malen

Lust auf eine Partie Würfelspiel, aber keine Würfel zur Hand? Dann einfach zum Bleistift greifen.

Scheinwerfer reinigen

Kein Witz – mit Zahnpasta bekommst du deine Scheinwerfer wieder zum Strahlen. Auf einen Lappen geben und damit die Lichter schrubben. Danach mit einem feuchten Tuch nachwischen.

Schule & Büro

Auch für die Schule und Büroarbeit haben wir ein paar Lifehacks auf Lager. Zunächst erhältst du den analogen Teil, also für Bastel- und Schreibarbeit mit Stift und Papier. Der Teil mit den Tricks für die Arbeit mit technischen Geräten kommt direkt als Nächstes.

Bastelkleber selbst machen

Es liest sich fast wie ein Kuchenrezept, ist aber ein ungiftiger Kleber für Papier:

- 1 Tasse Mehl und 1/3 Tasse Zucker in eine Schüssel geben.
- 1.5 Tassen Wasser und 1 TL Essig beigeben und mit einem Rührbesen vermischen.
- In ein Marmeladenglas abfüllen und jeweils mit einem Pinsel auftragen.

Der Kleber ist ungefähr 2 Wochen haltbar.

Dosierflasche für Bastelkleber

Dank dieses Tricks kann der selbstgemachte Kleber direkt aus der Flasche aufgetragen werden:

- Deckel einer Plastikflasche vorsichtig mit einem Feuerzeug erwärmen.
- Mit einem abgeschnittenen Zahnstocher in drehenden Bewegungen die Mitte vorsichtig nach außen stoßen.
- Spitze abschneiden und Deckel wieder auf die Flasche schrauben.

Die Dosierflasche eignet sich auch für selbstgemachtes Ketchup oder für das Portionieren von Pancake-Teig.

Wie die Dosierflasche gemacht wird, siehst du auch in diesem Video:

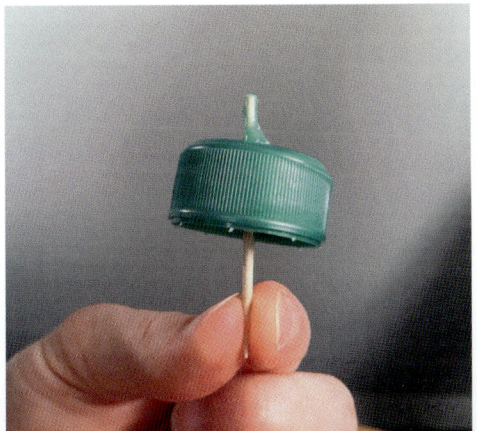

Klebeschwamm

Dieser Trick ist besonders mit kleineren Kindern zu empfehlen. Damit auf dem Tisch keine Kleberpfützen entstehen und der Kleber nicht auf Kleidung und Haaren, sondern nur auf dem Papier landet, kannst du für sie einen Klebeschwamm vorbereiten:

- Einen sauberen Küchenschwamm befeuchten und in eine Plastikschale legen.
- Schwamm mit Kleber tränken.
- Papierstücke, die geklebt werden sollen, können nun direkt auf den Schwamm gedrückt werden.
- Die Papierstücke haben so genug Kleber daran, um an den gewünschten Ort geklebt werden zu können.

Radiergummi aus Heißkleber

Bleistifte mit kleinem Radiergummiaufsatz am Ende sind praktisch, um schnell etwas korrigieren zu können. Mit Heißkleber lassen sie sich sogar selbst machen. Einfach ein paar Tupfen Heißkleber auf das Ende des Bleistiftes anbringen und trocknen lassen – und schon kann damit radiert werden.

Dass der Heißkleber-Radierer funktioniert, siehst du in diesem Video:

Wäscheklammer-Cutter

Wäscheklammer + Bleistiftspitzer = Cuttermesser:

- Wäscheklammer auseinandernehmen.
- Eine Klinge des Bleistiftspitzers wegschrauben. (Tipp: Spitzer haben oft Ersatzklingen auf der Seite)
- Klinge 1 cm überstehend auf die Rückseite einer Wäscheklammerhälfte kleben.
- Die zweite Wäscheklammerhälfte drüber kleben und trocknen lassen.

Damit lässt sich sehr gut Papier schneiden:

DIY-Lupe

Ein Wassertropfen funktioniert wie eine Lupe. Eingeschlossen in 2 Stücke aus einer Plastikflasche lässt sich so eine eigene Lupe basteln:

- Zwei gleich große runde, leicht gewölbte Stücke aus einer Plastikflasche schneiden.
- Aufeinanderlegen, sodass in der Mitte ein Hohlraum entsteht.
- Einen Nagel über einer Kerze erwärmen und damit den Rand zusammenschweißen.
- Das letzte Stück offenlassen, mit Wasser füllen und dann auch dieses Stück verschließen.

Die lupenreine Videoanleitung dazu:

Mini-Notizheft

Aus einem einzigen Stück Papier lässt sich ein einfaches kleines Notizheft selbst machen:

- Falte das Papier der Breite nach in der Mitte, öffne es wieder und falte beide Enden zur entstandenen Mittellinie. Öffne dies abermals.
- Auch der Länge nach einmal in der Mitte falten und wieder öffnen.
- Der Breite nach in der Mitte zusammenklappen und die Mittellinie bis zur Mitte einschneiden.
- Wieder öffnen und der Länge nach in der Mitte zusammenklappen.
- Von außen nach innen drücken, so öffnet sich die Schnittkante und das Notizheft kann zusammengeklappt werden.

Zu kompliziert? Dann schau dir das Video dazu an:

Papier heften ohne Tacker

Damit ein paar Blatt Papier zusammenhalten – ohne Klammer und Tacker – so
vorgehen:

- Blätter aufeinanderlegen und eine Ecke
  umknicken.
- Mit der Schere 2 Einschnitte machen.
- Mittelstück nach unten drücken und
  auf beide Seiten umklappen.

DIY-Briefumschlag – ohne Schere, Lineal oder Kleber

- Ein quadratisches Stück Papier Ecke
  auf Ecke diagonal zusammenklappen
  und die Mitte mit einem kleinen Falz
  markieren.
- Das Papier so vor dich hin legen, dass
  eine Ecke nach unten zeigt.
- Die anderen drei Ecken (seitlich und
  oben) zur Mitte hin falten.

- Die obere Ecke anschießend wieder
  auffalten.
- Die untere Ecke bis zur oberen Falzlinie (oberhalb der Mittellinie) falten.
- Wieder auffalten und zur nun entstandenen unteren Falzlinie falten.
- Die beiden unteren Seiten ebenfalls an
  diese untere Falzlinie falten.
- Nun die mittlere Spitze über die Seiten legen und so nach oben klappen.
- Die Spitze unter die Seiten schieben,
  sodass der Briefumschlag ohne Kleber
  zusammenhält.

**Eindeutig einfacher ist es, wenn du dir das Video
dazu anschaust:**

Herz-Lesezeichen aus Büroklammer

Die eine Seite einer runden Büroklammer um 90 Grad biegen und schon entsteht ein Herz.

Weinkorken-Kartenhalter

Korken der Länge nach halbieren und die gewölbte Seite in der Mitte einschneiden. Schon hast du 2 einfache Karten- oder Fotohalter für deinen Schreibtisch.

Diesen und weitere praktische Weinkorken-Hacks gibt's hier:

Antistressbälle selbst machen

Einen Luftballon mit einer knetbaren Masse füllen, verknoten und fertig. Um den Knoten zu vermeiden, kannst du das Ende des gefüllten Luftballons abschneiden und mit Tesafilm zukleben. Von einem zweiten Luftballon den dünnen Teil abschneiden und über den gefüllten Luftballon stülpen, sodass das geklebte Ende versteckt ist.

Als Masse eignet sich z. B. Mehl, Slime oder Zahnpasta.

Die verschiedenen Varianten zeigen wir dir in diesem Video:

Technik

Zu guter Letzt noch die versprochenen Technik-Hacks. Wir lieben die Kombination von High-End-Geräten, No-Tech- und No-Budget-Hacks.

Smartphone-Halterung

Um auf dem Smartphone einen Film zu schauen, ist es praktisch, eine Smartphone-Halterung zu verwenden, statt es die ganze Zeit in der Hand halten zu müssen. Diese lässt sich z. B. aus einer alten Kreditkarte basteln. Besonders praktisch: Der Ständer lässt sich flach drücken und in der Geldbörse mitführen.

Wie die Halterung gebastelt wird, zeigen wir dir in diesem Video:

5 weitere Ideen für schnelle Smartphone-Ständer gibt's hier:

Smartphone-Ladestation

Steckdosen sind oft etwa 1 Meter über dem Boden angebracht. Damit das Smartphone während des Ladevorgangs nicht einfach am Kabel hängt, kannst du diese simple Ladestation aus einem Papierstreifen basteln:

- In die beiden Enden des Papiers eine Lasche schneiden, die nach oben geklappt werden kann.
- Gegebenenfalls mit Tesafilm verstärken und die beiden Laschen zusammenkleben.
- Den Stecker durch die Öffnung in die Dose stecken.

So hält das Papier und das Smartphone kann in die Tasche gelegt werden.

Hier nochmals im Video:

Smartphone im Hotel aufladen

Sind im Hotelzimmer bereits alle Steckdosen besetzt? Dann lade dein Smartphone am Fernseher auf, denn die verfügen üblicherweise über USB-Steckplätze. Auch praktisch, falls du nur das Ladekabel, nicht aber den Stecker dafür eingepackt hast.

Film-Tricks für das Smartphone

Mit Smartphones lassen sich Videos in sehr guter Qualität produzieren. Hier wissen wir sehr genau, wovon wir sprechen. Denn zum einen produzieren wir selbst viele Videos mit dem Smartphone und geben zum anderen viele Kurse und Workshops, wie man mit dem Smartphone professionelle Videos produziert.

Gewusst wie brauchst du auch keine große Zusatzausrüstung dazu:

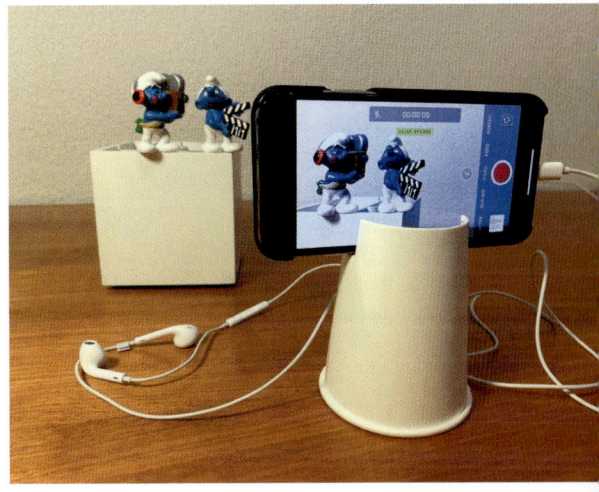

- Statt eines Stativs kannst du auch einen umgedrehten Pappbecher benutzen: Zwei Einschnitte und schon kannst du dein Smartphone aufsetzen.
- Außerdem solltest du auf eine gute Audioqualität achten. Wenn du kein externes Mikrofon hast, kannst du auch einen Kopfhörer mit Mikrofon verwenden. Damit steigerst du die Qualität (vor allem bei Sprachaufnahmen) bereits deutlich.
- Übrigens kannst du mit der AE/AF-Sperre («Auto Exposure»/ «Auto Focus») die Automatik der Kameraapp kurzzeitig ausschalten. Das ist vor allem dann ratsam, wenn du ein Video aufnehmen möchtest, bei welchem du selbst vor der Kamera stehst und etwas erklärst. Diese Sperre aktivierst und deaktivierst du durch längeres Drücken auf den Bildschirm.

Unser Video mit diesen und weiteren Film-Tricks für das Smartphone gibt's hier:

Tastatur reinigen

So einfach und so gut. Die klebende Seite von Post-its einfach durch die Tastaturreihen ziehen und du entfernst Haare, Staub, Brotkrümel und was sich da sonst noch alles angesammelt hat.

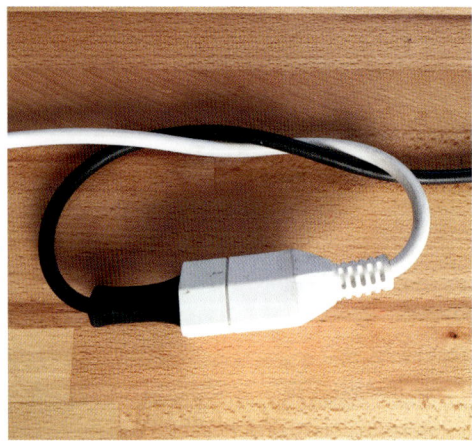

Verlängerungskabel verknoten

Um ungewolltes Ausziehen einer Kabelverbindung zu vermeiden, bietet es sich an, sie mit einer Schlaufe zu verknoten und so zusammenzustecken.

Schnur-Stativ

Für wackelfreie Video- und Fotoaufnahmen haben wir auch noch diesen Trick auf Lager:

- Ein längeres Stück Paketschnur verwenden und die Enden miteinander verknoten.
- Eine Schlaufe bilden und das Smartphone darin befestigen.
- Breitbeinig mit beiden Füßen auf die Schnur stehen.
- Das Smartphone mit den Händen leicht nach oben ziehen, so hast du einen Widerstand, der hilft, ruhige Aufnahmen zu machen.

Das Schnur-Stativ in Aktion:

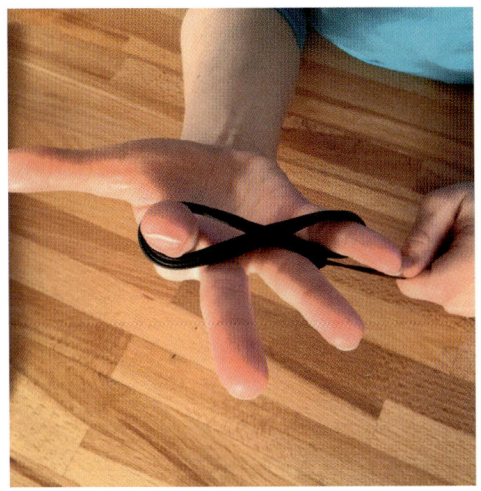 

Kopfhörerkabel richtig aufwickeln

Falls du wie wir zu denjenigen gehörst, die noch Kopfhörer mit Kabel verwenden, dann hilft dir dieser Trick, damit du in deiner Tasche kein Kabelwirrwarr hast, welches du jedes Mal wieder beseitigen musst:

- Das Kabel mit Hilfe der Finger zu einer 8 aufwickeln.
- Das Ende 2–3 Mal um die Mitte wickeln und den Stecker durch eine der Schlaufen ziehen.
- So kannst du es z. B. auch in die Hosentasche stecken, ohne dass ein Knoten entsteht.
- Wenn du die Kopfhörer wieder brauchst, den Stecker zurück aus der Schlaufe ziehen, Stecker und Hörer in die Hände nehmen und auseinanderziehen.

Das kurze Video dazu gibt's hier:

Lampe aus Smartphone und Wasserflasche

- Eine volle Wasserflasche auf den beleuchteten Smartphone-Bildschirm stellen. Die Flasche streut das Licht auf alle Seiten und entpuppt sich zu einem außergewöhnlichen Deko-Objekt bei Dunkelheit.
- Eine ganz besondere Atmosphäre schaffst du mit einer Taschenlampen-app, bei der du die Farbe auswählen kannst – z. B. für romantische Sommerabende auf dem Balkon oder für cooles Partylicht am See.

Wenn du das Buch bis hierhin durchgelesen hast, dann bist du spätestens jetzt ein absoluter Lifehack-Profi. Herzliche Gratulation dazu und viel Spaß mit deinem neu erworbenen Wissen. Wir hoffen, dass wir dir nebst Freude bereitet, hoffentlich auch den einen oder anderen Ärger sowie Zeit und Geld erspart haben.

Vielen Dank, dass du unser Buch gekauft und gelesen hast und damit die Lifehackerin unterstützt.

Wie anfangs geschrieben, gibt's die Lifehackerin schon lange auf YouTube und weiteren digitalen Kanälen, aber das ist unser erstes Buch. Wir wären daher sehr interessiert von dir zu lesen, wie es dir gefallen hat. Was fandest du besonders hilfreich, was hast du vermisst? Wir freuen uns über Anregungen, Feedback oder Lob z. B. direkt auf unserem Blog www.lifehackerin.com

Credits

– Logo der Lifehackerin (Schrift und Illustration):
© Corinne Sutter, http://www.corinnesutter.ch/

– Foto im Vorwort (Porträt Nadia & Ina):
© Barbara Hess, https://www.barbarahess.ch/

– Texte, Fotos und Videos:
Nadia Holdener & Bettina Tuor

Liebe Leserin, lieber Leser,

hat Ihnen dieses Buch gefallen? Wir freuen uns über Ihre
Verbesserungsvorschläge, Kritik und Fragen zum Buch.

Die Meinung und Zufriedenheit unserer Leserinnen und Leser
ist uns sehr wichtig.

Kontaktieren Sie uns deshalb gerne und schreiben uns
eine E-Mail an feedback@eulogiaverlag.de

Wir freuen uns auf Ihre Nachricht.

Herzlichst

Ihr Eulogia Verlags Team